謎解きの英文法
副詞と数量詞

久野暲・高見健一 著
Susumu Kuno　Ken-ichi Takami

all

deeply

before

ach

narrowly

くろしお出版

はしがき

　英語の副詞は一般に、形容詞に -ly がついて、たとえば形容詞の social や wise だと、副詞は socially, wisely となります。しかし、たとえば形容詞の wide は、そのままの形で (1a) のように副詞としても用いられ、さらに (1b) のように、-ly がついた widely という副詞もあります。

　(1)　a.　John opened his mouth **wide**.
　　　 b.　Mary smiled **widely**.

ここで、(1a) を *John opened his mouth **widely**. とは言えず、(1b) を *Mary smiled **wide**. とも言えません。副詞の wide と widely はどこが違っているのでしょうか。

　Ago と before は、ともに「…前に」という意味の副詞として機能し、次のように用いられます。

　(2)　a.　Sue visited Paris four years **ago**.
　　　 b.　Sue had visited Paris four years **before**.

ただ、ここでも (2a) の ago と (2b) の before を入れ替えることはできません。Ago と before の違いは何でしょうか。みなさんは両者を正しく使い分けられますか。

　Narrowly と nearly は、それぞれ形容詞の narrow と near に -ly がついた副詞ですが、次の2文はどのような意味でしょうか。入試に受かったのは、マイクでしょうか、それともジェインでしょうか。あるいは2人とも受かったのでしょうか。

　(3)　a.　Mike **narrowly** passed the entrance exam.
　　　 b.　Jane **nearly** passed the entrance exam.

　本書は、上のような英語の副詞について考察し、その謎を解き明かします。みなさんはきっと、上記のような副詞の使用に関し

て、その背後に整然とした規則があることを理解され、納得されるとともに、言葉の体系的な仕組みに驚かれることでしょう。本書ではまた、副詞だけでなく、in 2000, with Mary, to Hawaii, by ship のような副詞句、The match will be canceled **if it rains tomorrow**. のような副詞節、さらに all, each, both, many, several, some, any, none のような、人や物の数量を表わす「数量詞」についても考察します。

　本書は9章からなります。第1章では、(1a, b) で見たような、「広さ」を表わす副詞 wide と widely の違い、そして「高さ」、「近さ」、「深さ」を表わす形容詞形の副詞 high, close, deep と、形容詞に -ly をつけた highly, closely, deeply の違いを明らかにします。第2章では、(2a, b) で見たような ago と before の違いを考察し、第3章では、(3a, b) に示した narrowly と nearly の違いを考察します。

　第4章では、副詞句の省略について考えます。そして、英語だけでなく日本語でも、先行文脈で了解されている要素なら何でも省略できるわけではなく、省略のプロセスには整然とした一定の規則があることを明らかにします。第5章では、次のような if 節について考えます。

(4) a. **If you have an ID card**, you are allowed to enter the library.
　　b. You should study all night, **if you have exams tomorrow**.
　　c. There's some iced tea in the fridge **if you'd care for a cold drink**.

これらの if 節は、どれも「もし…ならば」という条件・仮定を表わし、同じ種類のものだと思われるかもしれません。しかし第5章では、これらの if 節が、それぞれ異なる意味や機能を持っており、構造も違っていることを示して、if 節には3つのタイプ

があることを指摘します。

　第6章と第7章では、too や also, even や only が文中のどの要素を修飾するかを考察します。たとえば、次の (5a) には、too が Mary を修飾する「ジョンは<u>メアリーにも</u>メールを送った」という解釈と、too が主語の John を修飾する「<u>ジョンもまたメアリーにメールを送った</u>」という解釈があります (他の解釈も可能)。他方、(5b) には、too が Mary を修飾する「ジョンは<u>メアリーにも花束をあげた</u>」という解釈はありますが、too が主語の John を修飾する「<u>ジョンもまたメアリーに花束をあげた</u>」という解釈はありません。

(5) a. John e-mailed Mary, **too**.

　　 b. John gave Mary, **too**, a bouquet of flowers.

(5a) と (5b) でどうしてこのような違いが生じるのでしょうか。

　さらに、意外に思われるかもしれませんが、also は、(6a) に示すように、動詞と短い目的語の間には現われません (too も同様です)。しかし、even や only はこの位置に現われることができます。

(6) a. *John e-mailed **also** Mary. (*John e-mailed, **too**, Mary.)

　　 b. John e-mailed **even** Mary.

　　 c. Mary blamed **only** me.

Too, also, even, only は、どれも副詞だと思われるのに、どうしてこのような違いが生じるのでしょうか。第6章と第7章ではこのような問題を考察します。

　第8章では、too や also, even や only の修飾要素の省略について考えます。たとえば次の会話を見てください。

(7) Speaker A:　I know that John e-mailed you. Did Bill e-mail you, **too**?

　　 Speaker B:　Yes, he did ϕ , **too**.

(8) Speaker A: I know that Bill e-mailed John. Did he e-mail you, **too**?

　　Speaker B: *Yes, he did φ , **too**.

(7), (8) で、話し手 (B) は、話し手 (A) の質問に対して Yes, he did φ , **too**. という同じ答え方をしていますが、(7B) が適格であるのに対して、(8B) は不適格です。どうしてこのような違いが生じるのかを考え、さらに普通の副詞表現 (例えば equally や by taxi) の修飾要素が省略される場合も考察して、too, also, even, only と普通の副詞表現の間には興味深い違いがあることを指摘します。

第 9 章では、「数量詞遊離」と呼ばれる現象を考察します。これは、all, each, both のような数量詞が、次に示すように、修飾している名詞句から離れて、文中の他の位置に現われる現象です。

(9) a. [**All** (**of**) **the students**] will come to the party tonight.

　　b. [**The students**] will **all** come to the party tonight.

しかし、この現象は、

(i) 他の数量詞、たとえば many, some, several, three などでは起こりませんし (e.g. ***The students** will **many** come to the party tonight.)、

(ii) all, each, both などが、主語からではなく目的語から遊離する場合は、次のように不適格な場合 ((10b)) と適格な場合 ((11b)) があります。

(10) a. The president met [**each of the professors**] in his room.

　　b. *The president met [**the professors**] **each** in his room.

(11) a. John promised [**each of the girls**] a diamond ring.

　　b. John promised [**the girls**] **each** a diamond ring.

第 9 章では、これら (i) と (ii) の謎を解き、数量詞遊離がどのような条件のもとで許されるかを明らかにします。

本書ではさらに4つのコラムを設けました。コラム①では、形容詞形の副詞 sure と -ly 形の副詞 surely の違いについて解説します。コラム②では、通りの名前に street, avenue, road, lane, drive, way, alley, esplanade など、英語ではさまざまな単語が使われますが（たとえば Beacon Street, Massachusetts Avenue, Webcowet Road, Kenny Lane, Storrow Drive など）、これらはそれぞれどのような違いがあるかを検討します。コラム③では、frankly, truthfully, honestly のような副詞が文のどの位置に現われるかを解説します。コラム④では、toilet の意味について考察し、北米では Where is the toilet? と尋ねたら、この上もなく恥ずかしい質問になってしまうことなど、みなさんにきっと役立つと思えるトピックを解説します。参考にしていただければ幸いです。

　この本を書くにあたり、多くの方にお世話になりました。特に Karen Courtenay, Nan Decker のお二人からは、本書の多くの英語表現に関して有益な指摘をたくさんいただきました。また、お二人に加え、Phillip Brown, Andrew Fitzsimons, Alison Stewart の3氏からも本書の例文に関して貴重な指摘をいただきました。さらに、くろしお出版の岡野秀夫氏と荻原典子氏には、本書の原稿や校正刷りを何度も通読していただき、多くの有益な助言をいただきました。ここに記して感謝します。

　　　　　　　　　　　2015年　盛夏　　　　　　　著　者

目　次

はしがき　*i*

第1章　副詞の deep と deeply はどこが違うか？　*1*

- 副詞の形と意味　*1*
- High と highly など　*4*
- High と highly はどこが違う？　*5*
- Wide と widely はどこが違う？　*7*
- Close と closely はどこが違う？　*9*
- Deep と deeply はどこが違う？　*10*
- (24b, c) の deep はなぜ適格か　*12*
- 結び　*14*

コラム①　Sure と Surely　*15*

第2章　Ago と Before　*25*

- 2つの疑問　*25*
- いつから…前なのか？　*27*
- the week before と a week before はどこが違うか？　*31*
- 未来のある時点が基準となる場合　*33*
- Before のもうひとつの意味　*34*
- Ago は過去形の文に用いられる　*35*
- A week ago today 等はなぜ適格か？　*36*
- 結び　*40*

第3章 Narrowly と Nearly 43

- 勝ったの？ 負けたの？ 43
- 乗り遅れたの？ 間に合ったの？ 44
- Narrowly と nearly の例文とその意味 48
- 「肯定」と「否定」の診断テスト1──付加疑問文 49
- 「肯定」と「否定」の診断テスト2──So / Neither の使用 51
- 「肯定」と「否定」の診断テスト3──動詞句削除 52
- Nearly はなぜ肯定の副詞か？ 53
- （2b）の説明 56
- He nearly made the last train. だとどうか？ 58
- 結び 60

コラム② ボストン チャールズ河畔の散歩道 62

第4章 情報の新旧と省略の順序
─副詞句の省略─ 73

- 分かっていても省略できない？ 73
- 新情報と旧情報 76
- 省略順序の制約 77
- 日本語の例も同様に説明できる 87
- 日本語の文の情報構造 90
- 日本語の基本語順と「談話法規則違反のペナルティー」 92
- 結び 94

第5章 3種類の if 節 *97*

- 同じ if 節か? *97*
- 因果関係を示す if 節 *98*
- 理由・根拠を示す if 節 *99*
- 発話の動機づけを示す if 節 *101*
- 3種類の if 節の順序 *102*
- タイプ(A) if 節とタイプ(B, C) if 節の違い *106*
- タイプ(A, B) if 節とタイプ(C) if 節の違い *113*
- まとめ *116*
- 結び *117*

コラム③ Frankly(「率直に言って」)の文中位置 *119*

第6章 Too, Also と Even, Only(1) ―文中のどの要素が修飾されるのか?― *125*

- 前の要素? 後ろの要素? *125*
- Too の「修飾ターゲット」 *127*
- (6)と(7)は何が違っているか? *131*
- Too の辞書記載項目 *136*
- Also の修飾ターゲット *138*
- Also の文末および文頭修飾 *140*
- Also の辞書記載項目(暫定的) *142*
- Also の特殊機能 *143*
- Too や also は動詞と目的語の間に置けるか? *145*
- 結び *148*

第7章 Too, Also と Even, Only(2)
―文中のどの要素が修飾されるのか?― *153*

- Even の不思議な振る舞い *153*
- Even は「数量詞」としても機能する *156*
- 副詞としての even と付加 *161*
- 文末に位置する even *162*
- Even は S 以外の先行要素には付加できない *165*
- 文頭に位置する even *166*
- Even のまとめ *167*
- Only の修飾ターゲットは? *169*
- 文頭と文末の only *174*
- 結び *176*

コラム④ Toilet考 *179*

第8章 副詞の修飾ターゲットと省略 *189*

- 同じ答え方なのになぜ? *189*
- 修飾ターゲットが省略されているかどうか *192*
- Even や only の修飾ターゲットも同じ *194*
- 他の副詞表現は? *196*
- 両者はどこが違うのか? *198*
- 副詞の修飾ターゲットが複数あるとき *200*
- John wanted to go to Paris in September. も2つの解釈あり *203*
- When did John want to go to Paris? − He did φ in September. の解釈は? *206*
- 結び *209*

第9章 数量詞遊離 *211*

- All, each, both だけがなぜ？ *211*
- 主語以外からも遊離できるか？ *213*
- All, each, both と他の数量詞の違い *214*
- Every と any は？ *218*
- 遊離を許す名詞句は、聞き手が了解している名詞句 *220*
- 遊離した数量詞は「二次的主語」として機能 *221*
- さらなる例文 *227*
- Each の特別な用法 *228*
- We all of us... のような表現 *230*
- 結び *233*

付記・参考文献 *235*

［文頭に付されたマークが表わす意味］
- * 不適格文
- ?* ほぼ不適格な文
- ?? かなり不自然な文
- (?) ぎこちない文
- √ 無印と同様に適格文

副詞の deep と deeply はどこが違うか？

● 副詞の形と意味

英語の副詞は、形の上で形容詞とどのような対応関係にあるでしょうか。もちろん、最も一般的なのは、次に示すように、形容詞に接尾辞の -ly をつけて派生する形です。

(1) 形容詞　　　　副　詞　　　　形容詞　　　　副　詞
    careful   carefully   natural   naturally
    foolish   foolishly   odd   oddly
    happy   happily   probable   probably
    interesting   interestingly sudden   suddenly
    modest   modestly   wise   wisely

ただ、形容詞に -ly をつけると、すべてが副詞になるわけではありません。形容詞に -ly をつけた形が存在せず、形容詞と副詞が次のように同じ形の場合もあります。

(2) a. a **fast** runner（形容詞）
    b. He can run **fast** / *fastly.（副詞）
(3) a. a **long** vacation（形容詞）
    b. Have you been waiting **long** / *longly?（副詞）
(4) a. an **early** dinner（形容詞）
    b. He left **early** / *earlily in the morning.（副詞）

(2)-(4) の (a) は、fast, long, early が、後続の名詞を修飾する形容詞です。一方、(b) では、それらが動詞を修飾する副詞で、-ly がついた fastly, longly, earlily のような単語は、英語にはありません (【付記1】参照)。

さらに副詞には、(2)-(4) のように形容詞と同形の副詞と、形容詞に -ly をつけた副詞の2つの形を持つものもあります。次の例を見てください。

(5) a. Hold **tight**!
「しっかりつかまってください。」
b. She held my hand **tightly**.
「彼女は私の手をしっかり握りしめた。」
(6) a. She speaks very **slow**.
「彼女はとてもゆっくり話す。」
b. Will you speak **slowly**?
「ゆっくり話してくれませんか。」
(7) a. Come **quick**!
「早く来なさい。」
b. I ran **quickly** to the station.
「駅まで急いで走った。」

(5)-(7) の (a) では、tight, slow, quick が、それぞれ「しっかり、固く」、「ゆっくり」、「早く、急いで」という意味で、動詞を修飾しており、副詞として用いられています。一方 (b) では、tightly, slowly, quickly が、同様の意味を表わす副詞です。つまり、ひとつの意味に対して2つの副詞があるわけですが、両者はスタイルの点で違っており、tight, slow, quick などの副詞は、tightly, slowly, quickly の -ly 副詞より〈口語的〉で、会話や標示、広告な

どで多く用いられ、後者はより〈文語的〉で、書き言葉で多く用いられる傾向があります（【付記2】参照）。

副詞の中には、形容詞の形をした副詞（以後、「形容詞形の副詞」と呼びます）と、それに -ly がついた副詞（以後、「-ly 副詞」と呼びます）が、(5)-(7) のような例とは異なり、まったく別の意味を表わす場合もあります。次の例を見てください。

(8) a. It's raining **hard** outside.（「激しく」）
    b. I can **hardly** believe it.（「ほとんど … ない」）
(9) a. I got up **late** this morning.（「遅く」）
    b. I haven't talked to her **lately**.（「最近、このごろ」）
(10) a. What I fear **most** is war.（「最も」）
    b. These toys are made **mostly** in China.（「大部分、主に」）
(11) a. Come to my office at three o'clock **sharp**.
       （「(時間が) ちょうど、きっかりに」）
    b. Stock prices rose **sharply**.（「急激に」）
    c. He was **sharply** criticized.（「痛烈に」）

以上、副詞を形容詞との関連で見てみると、副詞は形容詞に -ly をつけて派生する形が一般的であるものの、次のような形のものもあることを述べました。

(12) a. 形容詞と同形のもの（形容詞形の副詞）(e.g. fast, long, early)
    b. 形容詞形の副詞と -ly 副詞の両方があり、意味は同じものの、スタイルの点で違いがあるもの (e.g. tight/tightly, slow/slowly, quick/quickly)
    c. 形容詞形の副詞と -ly 副詞の両方があり、意味が違う

もの (e.g. hard/hardly, late/lately, most/mostly, sharp/sharply)

これらの副詞に加え、さらに seldom, never, almost, already, sometimes, yet, often, perhaps のように、-ly がつかず、形容詞もなく、純粋に副詞としてのみ機能する単語もあります。

● High と highly など

さて英語には、「高さ」、「広さ」、「近さ」、「深さ」を表わす副詞に、次に示すように、形容詞形の副詞と -ly 副詞の両方があります。

(13) a. high / highly
　　 b. wide / widely
　　 c. close / closely
　　 d. deep / deeply

これら2つの副詞は、それぞれ表わす意味が同じなのでしょうか。それとも違っているのでしょうか。ここで、次の問題をやってみましょう。

> (14) 次の括弧の中の単語はどちらが正しいでしょうか。あるいは両方とも正しいでしょうか。
> a. The plane flew {high / highly} in the sky.
> b. The quality of the candidates varies {wide / widely}.
> c. Everyone, stay {close / closely} together.
> d. His words wounded her feelings {deep / deeply}.

　正解は、(14a) は high、(14b) は widely、(14c) は close、(14d) は deeply です。もう一方の形の副詞は、これらの文では使うことができません。したがって、これらの副詞は、形容詞形の副詞と -ly 副詞でそれぞれ意味が違うということになります。一体どのような違いがあるのでしょうか。本章ではこの問題を考えてみたいと思います。

● High と highly はどこが違う？

　High と highly に関して、まず次の例を見てください。

(15) a. The plane circled {**high** / ***highly**} overhead.
　　 b. John kicked the ball {**high** / ***highly**} into the air.
　　 c. Birds are flying {**high** / ***highly**} in the sky.
(16) a. I think Germany is a {**highly** / ***high**} civilized country.
　　 b. They valued his essay {**highly** / ***high**} and awarded him a

prize.

 c. That musician is {**highly** / ***high**} respected in the United States.

（15a-c）では high が用いられ、highly は用いられません。一方（16a-c）では、逆に highly が用いられ、high は用いられません。その違いは何でしょうか。

　もうお気づきかもしれません。（15a-c）では、飛行機が<u>頭上高く</u>旋回し、ジョンがボールを<u>空中高く</u>蹴り、鳥が<u>空高く</u>飛んでいるというように、いずれも物理的な、文字通りの高さが示されています。一方（16a-c）では、<u>高度に</u>文明化した国、彼のエッセイを<u>高く評価した</u>、その音楽家は<u>とても</u>尊敬されているというように、highly が 'very; to a high level or standard' というような意味で用いられており、「程度の高さ」を表わしています。その点で、物理的、知覚的な高さではなく、抽象的、感覚的な高さを表わし、比喩的な使い方がされています。この点は、highly がしばしば highly successful / effective / efficient や、highly skilled / trained / educated、さらに highly evident / intelligent / sophisticated のような表現でよく用いられることからも理解できます。

　High と highly のこのような違いから、前節の問題（14a）（以下に再録）は、物理的な空の高さを述べていますから、high でなければならないことが明らかです。

（14）a. The plane flew {**high** / ***highly**} in the sky.

The plane flew **high** in the sky.   a **highly** civilized country

high＝物理的な高さ　　　highly＝抽象的な程度の高さ

● Wide と widely はどこが違う？

　前節で述べた high と highly の意味の違いは、比較的分かりやすく、『ジーニアス英和辞典』や『フェイバリット英和辞典』など、いくつかの辞典にも記載されています。それでは、wide と widely はどうでしょうか。次の例を見てください。

(17) a. He opened his mouth {**wide** / ***widely**}.
　　 b. He spread his arms {**wide** / ***widely**} in a welcoming gesture.
　　 c. Gary stood with his back to the fire, legs {**wide** / ***widely**} apart.
　　 d. The gate was opened {**wide** / ***widely**}.
(18) a. Organic food is now {**widely** / ***wide**} available.
　　 b. Books by Haruki Murakami are {**widely** / ***wide**} read in the world.
　　 c. Mr. and Mrs. Smith traveled {**widely** / ***wide**}.

  d. Her opinion is {**widely** / ***wide**} different from mine.
  e. She smiled {**widely** / ***wide**}.

（17a-d）では wide が用いられ、widely は用いられません。一方（18a-e）では、逆に widely が用いられ、wide は用いられません。この違いはどのように説明されるでしょうか。

 （17a-d）では、口を大きく開けた、腕を大きく広げた、脚を大きく広げて立っていた、門は広く開けられた、というように、口を開けたり、腕や脚を広げたり、門が開いている幅が広いことが示されています。つまり、物理的な幅が文字通り広いことが示されています。そしてこの場合は、wide が用いられます。一方、(18a-e) では、自然食品は様々な地域で（広範囲にわたって）入手できる、村上春樹の本は世界中で多くの人に（幅広く）読まれている、スミス夫妻は様々な地域を旅行した、彼女の意見は私の意見と大きく（はなはだしく）異なる、彼女はすごく（大きく）微笑んだ、というように、widely が 'in a lot of different places or by a lot of people' という意味（(18a-c)）や、'to a large degree' という意味（(18d, e)）で用いられています。つまり、ある物の物理的な文字通りの幅の広さを述べるのではなく、ある事柄が広い地域や多くの人に及んだり、その程度がはなはだしく大きいという意味を widely は表わしています（【付記３】参照）。

 ここで、次の wide awake（すっかり目が覚めている）という表現について一言触れなければなりません。

 （19） At 2 a.m. I was still {**wide** / ***widely**} awake.

（19）に示す通り、wide awake というのが普通で、*widely awake とは言えません。しかし、「すっかり目が覚めている」というのは、

目が覚めている程度を表わしているので、上の説明からすれば、widely awake が正しく、むしろ wide awake は間違いではないかと思われる方が多いことと思います。これは、awake が、目が覚めていれば、通常、目が開いていることからの連想で、目の幅の物理的な開き方が大きいことを表わし、wide が用いられたものと考えられます。そしてこの wide awake という表現が、慣用句、固定表現として一般に用いられるようになった結果だと思われます。

以上から、wide と widely の違いは、前節で述べた high と highly の違いと基本的に同じであることが分かります。これらの違いを次のようにまとめておきましょう。

(20)

high	物理的な高さ
highly	程度の高さ
wide	物理的な幅の広さ
widely	範囲の広さ、程度の大きさ

Wide と widely のこのような違いから、先ほどの (14b)(以下に再録)は、候補者の資質が大きく異なるという、程度の大きさを述べているので、widely でなければなりません。

(14) b.　The quality of the candidates varies {***wide** / **widely**}.

● Close と closely はどこが違う？

次に、「近さ」に関する close と closely の例を見てみましょう。

(21) a.　I live {**close** / ***closely**} to my workplace.

b. Everyone, stay {**close** / ***closely**} together. (=14c)
(22) a. The judge watched the accused {**closely** / ***close**}, waiting for a reply.
b. You should examine this report {**closely** / ***close**}.
c. These mittens fit {**closely** / ***close**}, since I like my hands cozy.

(21a, b) では close が用いられ、(22a-c) では closely が用いられます。この違いは何でしょうか。

もうお分かりだと思います。(21a, b) は、話し手が職場の近くに住んでいたり、みんな離れないで、というように、物理的な距離の近さが示されています。一方 (22a-c) は、裁判官が被告人を注意深く観察したり、聞き手がレポートを念入りに（綿密に）調べなければならなかったり、ミトンがぴったりと手に合っていると述べています。したがって、closely は、'very carefully' や 'to a very great degree' という意味で、ある行為や動作の入念さや、あるものと別のものの関係の密接さを表わしています。よって、close と closely でも、close が文字通りの距離の近さを表わすのに対し、closely は、意味がより比喩的になっています。

● Deep と deeply はどこが違う？

最後に、deep と deeply に関して次の例を見てみましょう。

(23) a. The stone sank {**deep** / ***deeply**} into the pond.
b. Henry David Thoreau lived {**deep** / ***deeply**} in the woods.
c. He dug the hole {**deep** / ***deeply**}.
(24) a. We love our children {**deeply** / ***deep**}.

  b. I slept {**deeply** / **deep**} last night.
  c. Everyone, breathe {**deeply** / **deep**}.

　(23a-c) では deep が用いられ、(24a) では deeply が用いられます。ただ、(24b, c) では、多くの人が deeply を用いるものの、中には deep を用いる人もいます。これはどうしてでしょうか。

　まず、(23a-c) では、物理的な、文字通りの深さが述べられています。石が池の中に深く沈んでいったり、ヘンリー・ディヴィッド・ソロー（米国の超絶主義者・著述家、1817-62）が森の奥深くで生活したり、穴を深く掘ったりするのは、池や森や穴の物理的な深さです。一方、(24a-c) では、感情や行為の深さが述べられています。人を深く愛したり、ぐっすり眠ったり、大きく息をする（深呼吸する）のは、すべてある事象の程度が深い（大きい）ことを表わしています。よって、(24b, c) の deep の適格性については後述しますが、deep は物理的な深さを表わすのに対し、deeply は、ある事象の程度の深さを表わすと言えます。そして、ここでも、これまで観察した形容詞形の副詞と -ly 副詞の違いが当てはまることになります（【付記4】参照）。

　上記の点から、(14d)（以下に再録）は、彼の言葉が彼女の感情を深く傷つけたと述べ、傷の程度が深いわけですから、deeply でなければいけません。

(14) d. His words wounded her feelings {*****deep** / **deeply**}.

　以上から、これまで考察した4組の副詞が表わす意味は、次のようにまとめられます。

(25)

high	物理的な高さ
wide	物理的な幅の広さ
close	物理的な距離の近さ
deep	物理的な深さ
highly	程度の高さ
widely	範囲の広さ、程度の大きさ
closely	程度の入念さ、密接さ
deeply	程度の深さ・大きさ

このまとめから分かるように、high, wide, close, deep の形容詞形の副詞は、物理的な高さ／幅の広さ／距離の近さ／深さを表わすのに対し、highly, widely, closely, deeply の -ly 副詞は、程度の高さ／大きさ／入念さ／深さなど、ある行為や事象の程度が高い／大きい／深い、というような、より抽象的な意味を表わしています。

● (24b, c) の deep はなぜ適格か

それでは、まず (24b) の I slept **deep** last night. はどうして許されるのでしょうか。私たちのネイティヴスピーカー・コンサルタントたちは、ここでは deeply を使うべきであるが、(i) 名詞句として a deep sleep（深い眠り）という表現が頻繁に用いられる、(ii) sle**p** dee**p** は韻を踏んでいる、という2つの理由で、母語話者の中には、この表現を使う人もあるとのことでした。たとえば次の文は、ネズミが眠るのを妨げて、それが癌にどのような影響を与えるかをシカゴ大学が実験し、その報告を伝える *National Geographic*（地理の知識の普及を目的とした米国の月刊誌、1888年創刊）のビデオタイトルです。

(26)　Sleepless in America: Sleep Deep

　(24c) の breathe **deep** に関しても、私たちのネイティヴスピーカー・コンサルタントたちは、〈非標準的〉(nonstandard) と判断しました（【付記5】参照）。しかし、母語話者の中には、名詞句として a deep breath（深呼吸）という表現が頻繁に用いられることからも、この表現を用いる人がいるとのことです。実際、インターネットには次の (27a) のような例がたくさんあり、(27b, c) のように歌の歌詞にもこの表現が用いられています。

(27) a.　My back hurts when I breathe **deep**.
　　 b.　Breathe **deep** the gathering gloom,
　　　　 Watch lights fade from every room.
　　　　（Moody Blues の Late Lament という歌の一節）
　　 c.　Breathe **deep**, breathe **deep**
　　　　 Moments like this are treasures to keep
　　　　 Listen close, move along
　　　　 Breathe **deep**.
　　　　（Guy Penrod の Breathe Deep という歌の一節）

　ただ、歌や詩などでは、みなさんもご存知の通り、普通でない文法形式がしばしば用いられます。そのため、ここでの正しい用法は、私たちのネイティヴスピーカー・コンサルタントたちが判断するように、sleep deeply, breathe deeply であると考えてよいでしょう（【付記6】参照）。

● 結び

　本章では、「高さ」、「広さ」、「近さ」、「深さ」を表わす4組の副詞、high/highly, wide/widely, close/closely, deep/deeply を考察し、いずれの場合も、形容詞形の副詞は、物理的な文字通りの意味を表わすのに対し、-ly 副詞は、より抽象的で、程度の高さや大きさ、深さを表わすことを観察しました。両者にこのような違いがあるというのは、大変興味深いことと思われますし、本章の例文で示したように、両者が（(24b, c) を除いて）相互に置き換えることができないという事実は、とても重要です。

　Quirk et al.（1985）のような定評のある文法書では、たとえば、The door was **wide** open; He seems to be **widely** known here. という例文があげられ（p. 407）、副詞の中には形容詞形の副詞と -ly 副詞の両方を持つものがあることが指摘されていますが、両者の相互置換性については言及されておらず、その意味の違いについても述べられていません。そのため、本章の内容は、語彙は限られていますが、みなさんの英語学習のお役に立ったのではないでしょうか（【付記7】参照）。

コラム①

Sure と Surely

まず、次の文を見てください。

(1) a. "It's freezing today." - "It **sure** is."
「今日は寒いね。」「本当にね。」

b. It **sure** is a nice game, isn't it?
「それは本当に素晴らしい試合ですね。」

c. Time **sure** does fly – in fact time seems to be speeding up!（実例）
「本当に光陰矢のごとしです。実際、時が経つのはスピードアップしているように思えます。」

d. Vacation **sure** was nice but it's good to see my students again.（実例）
「休暇は確かに良かったですが、学生達にまた会えて嬉しいです。」

e. This has been an odd winter – through December and the first half of January, we had the eighth-least amount of snow in history. That **sure** changed fast! We have an all-time record of 60 inches in ten days.（実例）
「この冬は奇妙です。12月と1月の前半は、史上8番目に雪が少なかったのに、それは本当にすぐに変わってしまいました。10日で史上最高の60イン

チ（約 150 cm）もの雪が降りました。」

　もう 40 年以上も前のことですが、筆者の一人が大学生で初めてアメリカに行ったとき、(1a-e) のような sure を耳にして、「あれ？これは surely じゃないのかな？」と思いました。そのときは恥ずかしいことに、sure は、I'm sure. のように〈形容詞〉で、(1a-e) で sure が使われている位置は、〈副詞〉が現われるところだから、形容詞 sure の副詞形、surely となるはずだと思ったのでした。

　もうご存知かもしれませんが、(1a-e) の sure は、「本当に、確かに」(really, certainly) という意味の〈副詞〉で、<u>アメリカ英語の口語的な（colloquial）表現</u>です。そして、話し言葉だけでなく、書き言葉としても使われます。しかし、イギリス人の同僚に (1a-e) のような表現について尋ねると、イギリス英語では、sure をこのようには使わないとのことでした。

　そうすると、第 1 章でお話しした tight / tightly などと同様に、sure は、形容詞だけでなく、副詞としても機能し、かつその形容詞が -ly を伴って surely という副詞にもなっているということになります。そして、tight / tightly などがそうであるように、(1a-e) の sure という副詞は〈口語的〉で、アメリカ英語で、会話やくだけた書き言葉に用いられるのに対し、surely は、より〈文語的〉な表現に用いられるということになります。つまり、両者は〈使用域〉(register) が異なるというわけです。

　実際、アメリカ人のネイティヴスピーカーに (1a-e) を見せると、sure は surely（や certainly, really）とも言えるが、このような文で surely を使うと、「古い言い方（old-fashioned）だ」、「おおげさでえらぶっている感じがする」

(pompous)とか、「surely の方が文法的なんだと言おうとしている感じがする」と言っていました。

　ここで、インターネットやメールから sure と surely の実例をいくつか拾ってみましょう。

(2) a. It **sure** is cold out here.
　　　「ここは本当に寒い。」
　　b. Good-by, Pete, it was **sure** good to know you.
　　　「さようなら、ピート。あなたに知り合えて本当によかったです。」
　　c. Wally was **sure** a great guy to give up his table for us!
　　　「ウォーリーは私達に自分のテーブルを譲ってくれて、本当にいい人だったよ。」
　　d. Gosh, that Italian family at the next table **sure** is quiet.
　　　「ああ、隣のテーブルのあのイタリア人家族は、本当に静かだね。」
　　e. This is **sure** a banner day. I finished school today and got a letter from you, the first I've had in several weeks.
　　　「今日は本当にめでたい日だ。学校が今日で終わり、ここ数週間で初めての君からの手紙も受け取った。」
　　f. He **sure** taught me a few things.
　　　「彼は確かにいくつかのことを私に教えてくれた。」
　　g. He **sure** sounded scared.
　　　「彼は本当に怖がっているようでした。」

これらの例はいずれも会話調で、そこに sure が用いられています。

一方、次の surely の例を見てみましょう。

(3) a. But there **surely** was probable cause to believe in this case that the cell phone contained evidence of the crime being investigated.
「しかし、この場合、その携帯電話に捜査中の事件の証拠があると信じるに足る理由が確かにあった。」

b. That **surely** is one of the extraordinary mysteries of being Christian. We are in the middle of two things that seem quite contradictory.
「それは確かに、キリスト教徒であることの驚くべき謎のひとつです。私達はまったく矛盾すると思える２つの事柄のまっただ中にいるのです。」

c. In that sense, this **surely** is a religious war – but not of Islam versus Christianity and Judaism.
「その意味では、これは確かに宗教的戦争です。しかし、イスラム教対キリスト教とユダヤ教の戦争ではありません。」

d. It **surely** shows that everything in life happens for a reason: We don't always know why things happen, but God knows.
「それは本当に、人生のあらゆるものが何らかの理由があって起こるということを示しています。私達は物事がなぜ起こるかいつも知っているわけではありませんが、神様は知っています。」

Surely が使われているこれらの例は、いずれも宗教的、学術的、法律的な内容で、書き言葉の表現です。したがって、(2a-g) と (3a-d) の例を比べるだけでも、sure と surely の使用域の違いが理解できると思います。

　次に、副詞としての sure の文中での位置を考えてみましょう。Sure と surely は、使用域の違いに加え、sure は、動詞句か be 動詞の補語を修飾する「動詞句副詞」であるのに対し、surely は、文全体を修飾する「文副詞」としても機能するという違いがあります。次の文を見てください。

(4) a. I told John that **surely** he would pass the exam.
　　b.*I told John that **sure** he would pass the exam.

(4a) では、補文の先頭に surely があり、この文は適格です。つまり、surely は、後続文の he would pass the exam. 全体を修飾する文副詞であることが分かります。文副詞はこのように、文頭に現われるのが一般的ですが、(4b) では、補文の先頭に sure があり、この文は不適格です。つまり、sure は、surely とは異なり、文副詞としては機能しないことが分かります。

　文副詞は、その前にコンマ（話し言葉ではポーズ）を伴って、文末にも現われます。次の文を見てください。

(5) a.(?)He will pass the exam, **surely**.
　　b.　*He will pass the exam, **sure**.

(5a)を若干不自然と感じる話し手もいますが(【付記1】参照)、

この文は(ほぼ)適格です。そしてこの点からも、surely は文副詞として機能することが分かります。一方、(5b) は不適格です。したがってこの点からも、sure には文副詞としての用法がないことが分かります。

　以上から、sure は動詞句副詞なので、文頭や文末には生じず、次の位置に生じることが分かります。

(6) a. 主語 + sure + BE + 補語 ((1a, b, d), (2a, d))
　　b. 主語 + BE + sure + 補語 ((2b, c, e))
　　c. 主語 + sure + VP ((1c, e), (2f, g))
　　d. 主語 + 助動詞 + sure + VP

つまり sure は、be 動詞構文の場合、be 動詞の前か、その後ろ((6a, b) 参照)、一般動詞の場合は、主語と(動詞か助動詞で始まる)動詞句の間((6c) 参照)、あるいは、助動詞と動詞句の間((6d) 参照)に現われるということになります(【付記2】参照)。

　(6a) の be 動詞構文、つまり、sure が be 動詞の前(主語の直後)にあるのは、次のような例でした。

(1) a. "It's freezing today." - "It **sure** is."
　　b. It **sure** is a nice game, isn't it?
　　d. Vacation **sure** was nice but it's good to see my students again.
(2) a. It **sure** is cold out here.
　　d. Gosh, that Italian family at the next table **sure** is quiet.

一方、(6b) のように、sure が be 動詞の後ろにあるのは、次のような例でした。

(2) b. Good-by, Pete, it was **sure** good to know you.
   c. Wally was **sure** a great guy to give up his table for us!
   e. This is **sure** a banner day. I finished school today and got a letter from you, the first I've had in several weeks.

次に (6c) は、sure が主語の直後（動詞句の前）にある場合で、次のような例でした。

(1) c. Time **sure** does fly – in fact time seems to be speeding up!
   e. That **sure** changed fast!
(2) f. He **sure** taught me a few things.
   g. He **sure** sounded scared.

(1c) では、sure が助動詞 does の前にありますが、他の助動詞の例も次にあげておきましょう。

(7) a. He **sure can** play tennis well.
   b. He **sure will** regret walking to work during this storm.
   「彼は、きっとこの嵐の中を歩いて仕事に行ったことを後悔することでしょう。」
   c. He **sure will** appreciate your efforts to help

him.
「彼は、彼を助けようとするあなたの努力にきっと感謝することでしょう。」
　d. It **sure would** be nice if he came.
「彼が来たら、本当に素晴らしいでしょうに。」

　一方、(6d) は、sure が助動詞と動詞句の間にある場合で、次のような例がこれにあたります。

(8) a. He **can sure** play tennis well.（cf. 7a）
　　b. "Lazy" Rules That **Will Sure** Help You Lose Some Weight
「体重を減らすのに間違いなく役に立つ「楽な」規則」
　　c. Those solar panels **will sure** come in handy.
「これらの太陽電池パネルがお役に立つこと、間違いありません。」
　　d. Should you be blogging? It **will sure** help your website to be found.
「あなたは、ブログするべきでしょうか。それは、あなたのウェブサイトが見つかりやすくするのに役に立つこと間違いありません。」

　それでは、sure が主語の直後にある語順と、be 動詞や助動詞の直後にある語順では、どちらの方がより一般的なのでしょうか。私たちは、上記の例文をアメリカ人のネイティヴスピーカーに示して、この点を尋ねてみました。すると、sure が主語の直後、つまり be 動詞や助動詞の前にある語順の方（(6a) や (6c) のパターン）がより一般的に用いられるとのことで

した(【付記3】参照)。

　最後に、sure は、次に示すように、くだけた (informal) アメリカ英語の用法ですが、(i)「もちろん、いいとも」(of course, certainly)、(ii)「どういたしまして」(You're welcome) の意味でも用いられることも覚えておきましょう。

(9) "Will you come to the party?" – "**Sure**, I'll come."
「パーティーに来てくれますか。」「もちろん、行きます。」

(10) "Thanks for your help, Bill." – "Oh, **sure**."
「ビル、助けてくれてありがとう。」「いえ、どういたしまして。」

Ago と Before

第2章

● **2つの疑問**

　Ago と before は、どちらも「…前に」（たとえば「3年前に」）という意味の副詞として機能し、ある出来事が起こったのがどれぐらい前かを表わします。しかし、次の（1a）では ago、（1b）では before が用いられます。

(1) a. John graduated from college {three years **ago** / *three years **before**}.
    b. John had graduated from college {*three years **ago** / three years **before**}.

「3年前に」は、three years ago とも three years before とも言えるのに、どうして（1a）では three years ago のみ可能で、three years before とは言えないのでしょうか。どうして（1b）では逆に、three years before としか言えないのでしょうか。

　（1a, b）の違いは、（1a）は過去形（graduated）で、（1b）は過去完了形（had graduated）なので、ago は過去形の文に、before は過去完了形の文に用いられると思われるかもしれません。しかし、次のように、過去形の文にも before は用いられます。

(2) a. I **saw** this movie **before**.
    b. Why **didn't** you show me that picture **before**?

Ago と before はどのような点で異なり、どのように用いられるのでしょうか。

　Ago は副詞としての機能しかありませんが、before は前置詞（および接続詞）としても機能するので、その後ろに名詞句を伴うことができます。次の対比を見てください。

(3) a. five minutes **before** the concert / *five minutes **ago** the concert
    b. a week **before** the earthquake / *a week **ago** the earthquake
    c. three years **before** their marriage / *three years **ago** their marriage

(3a-c) の before を用いた表現は、「コンサートの5分前（に）、地震の1週間前（に）、彼らの結婚の3年前（に）」という意味で、いずれも正しい表現です。しかし、ago は前置詞ではありませんから、みなさんもよくご存知のように、(3a-c) のような「X の前に」という解釈を意図した ago X 表現はすべて誤りです。

　しかし、次のような表現は何ら問題がなく、自然な表現です。

(4) a. a week **ago** today
    b. two weeks **ago** tomorrow
    c. three weeks **ago** yesterday
    d. four years **ago** next Wednesday
    e. a week **ago** this Christmas

(4a) は、「今日の1週間前」、つまり「先週の今日」という意味で、形は (3a-c) の ago を用いた不適格な表現（e.g. *a week **ago** the earthquake）と同じように見えますが、まったく適格です。(4b-e)

も同様です。それなのに（4a-e）はどうして適格なのでしょうか。

本章では、上記２つの問題を考え、ago と before の違いを明らかにしたいと思います。

● いつから…前なのか？

まず、最初の問題から考えましょう。Ago と before の決定的な違いは、たとえば「３年前に」（three years ago, three years before）と言う場合、次の図で示すように、ago は、現在（発話時）を基準にして、今から「３年前に」と言っているのに対し、before は、現在ではなく、過去あるいは未来のある時点を基準にして、そのときから「３年前に」と言っている点です（(5b) の three years before は、過去のある時点を基準にした図のみ示します。未来時が基準となる場合は、次々節で考察します）（【付記１】参照）。

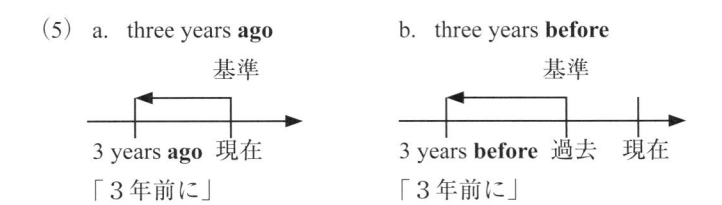

(5) a. three years **ago**　　　　　b. three years **before**

```
        基準                              基準
   ←────┤                         ←────┤
────────┼──────→              ─────────┼──────┼─→
3 years ago 現在                 3 years before 過去   現在
「３年前に」                      「３年前に」
```

この点に留意し、(1a, b)（以下に再録）を見てみると、(1a) では ago, (1b) では before がなぜ用いられるかが分かります。

(1) a. John graduated from college {three years **ago** / *three years **before**}.
   b. John had graduated from college {*three years **ago** / three years **before**}.

(1a) は、今から 3 年前にジョンが大学を卒業したと述べているので、three years **ago** となります。一方 (1b) は、過去完了形が用いられているので、この文の話し手と聞き手は、ある過去の出来事やその時点を互いに了解していて、それを基準に、その時点から 3 年前にジョンが大学を卒業したと述べています。そのため three years **before** となります。つまり、(1b) はたとえば次のような文脈で用いられます。

(6) Last summer we visited my uncle in San Francisco and we stayed with him for about a week. It was good to see his kids again. His son John **had graduated** from college **three years before**.
「去年の夏（あるいは、今年のすでに過ぎ去った夏）、私たちはサンフランシスコの伯父さんの所に行き、そこで 1 週間滞在しました。伯父さんの子供たちにまた会えて楽しかったです。息子のジョンは、その 3 年前に大学を卒業していました。」

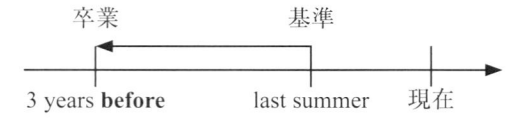

```
      卒業                    基準
  ←————————————————|————————————|————→
  3 years before      last summer     現在
```

(6) では、話し手たちがサンフランシスコにいる伯父さんの家族を訪れたのが、去年の夏で、その 3 年前に息子のジョンは大学を卒業しています。そのため、three years **before** となります。ここで、「卒業した」が had graduated と過去完了形になっていることに注意してください。

ここまでお話しすると、読者のみなさんは、高校時代に「時制の一致」や「話法の転換」を学んだとき、副詞の 〜 ago が 〜 before に変わるという規則があったことを思い出されるかもしれません。次の話法の転換を見てみましょう。

(7) a. He said to me, "I **graduated** from college three years **ago**."
　　　　　　　　　↓　　　　　　　　　　　　　　　（直接話法）
　　b. He told me that he **had graduated** from college three years **before**.　　　　　　　　　　　　　　　　　　　　（間接話法）

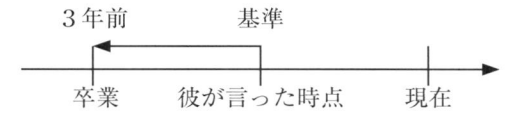

```
       3年前            基準
       ←──────────────────
   ────┼──────────────┼──────────────┼────→
       卒業        彼が言った時点      現在
       
       3 years before
```

(7a) の直接話法が (7b) の間接話法になると、過去形の graduated が過去完了形の had graduated になり、three years **ago** が three years **before** になります。これは、図に示したように、彼が話し手に大学を卒業したと言った過去の時点が基準となり、そのときから3年前に彼が大学を卒業しているからです（久野・高見 (2013)『謎解きの英文法―時の表現』第8章を参照）。

He told me that he had graduated from college three years before.

　　　その3年前　　　　　　　　　　　　過去時

Before は、次のように単独で用いられることもあります。

(8)　He **realized** that he **had seen** her **before**.
　　　「彼は彼女に以前会っていたことが分かった。」

(8)では、彼が彼女に会ったのは、会ったことが分かった過去の時点より以前のことなので、その過去の時点を基準にして、それよりも前ですから、before が用いられています。

以上から before は、three years before のような形であれ、単独で用いられる before であれ、そのひとつの用法として、過去のある時点を基準にして、そのときから X 前に (X before) (e.g. three years before)、そのときより以前に (before)、という意味を表わすことが分かりました。このように述べると、みなさんは、before は、過去のある時点を基準にし、それ以前の事柄を述べる際に使われるので、上の例のように、X before は過去完了形と一緒に用いられなければならないと思われるかもしれません。しかし、これは、堅い (formal) 書き言葉で、時間の順序関係を明確にしたい場合はその通りですが、たとえば次のように、くだけた話し言葉では過去形であってもまったく構いません。

(9)　a.　I met a nice couple **yesterday** in the diner. I also **met** someone else there **the week before** – she's a teacher.
　　b.　I met him **a couple of weeks ago**. But I **met** her **the week before**.
　　c.　I just heard from Lisa **a couple of days ago**. But I **heard** from Emma **a week before**（that）.

(9a-c) のそれぞれの第2文は、第1文と同様に過去形ですが、

いずれも適格です。そして、(9a-c) の第2文で、before を含む表現 (the week before, a week before (that)) は、第1文の過去の表現 (yesterday, a couple of weeks ago, a couple of days ago) が示す時間を基準にして、「その前の週、その1週間前」と述べています。

● the week before と a week before はどこが違うか？

少し余談になりますが、ここで、(9a-c) の the week before と a week before について少し触れておきたいと思います。両者の違いは何でしょうか。**The** week before は、どの週のことかを述べる表現で、**a** week before は、何日前のことかを述べる表現です。話し手が **the** week before と言えば、「基準時の週の前の週」を指し、**a** week before と言えば、「基準時の（約）7日前」を指します（【付記2】参照）。この違いを、次のような具体的な状況を設定して、見てみましょう。

(10) 話し手が2014年5月22日（木）に息子の卒業式に出席し、息子の友達のスティーヴに会ったとします。卒業式が終わって帰宅し、奥さんに次のように話したとします。
   a. I saw Steve at the graduation ceremony. I {met / had met} him **the week before**.
   b. I saw Steve at the graduation ceremony. I {met / had met} him **a week before**.

2014 年 5 月

日	月	火	水	木	金	土
11	12	13	14	15	16	17
18	19	20	21	㉒	23	24
				卒業式		

the week before

　話し手が（10a）のように、**the** week before と言った場合、話し手は、5 月 22 日の卒業式の前の週、つまり、5 月 11 日から 17 日のどこかでスティーヴに会ったと言っています。

2014 年 5 月

日	月	火	水	木	金	土
11	12	13	14	15	16	17
18	19	20	21	㉒	23	24
				卒業式		

a week before

　一方、話し手が（10b）のように、**a** week before と言った場合、話し手はスティーヴにおよそ 7 日前に会ったと言っています。したがって、ほぼ 7 日前の 14 日、15 日、あるいは 16 日あたりに会っていると解釈されます。

　上で、X before という表現は、くだけた話し言葉では、先行文脈で過去のある時点が設定されていれば、過去形とともに用いられても構わないことを指摘しました（(9a-c)、(10a, b) 参照）。したがって、もうお気づきかもしれませんが、本章冒頭で提示した（1a）（以下に再録）でも、次の（11b）のような文脈で用いられれば適格文となります。

(11) a. John graduated from college {three years **ago** / *three years **before**}. (=1a)
　　b. Mary met John for the first time in her junior year at Harvard. He **graduated** from MIT three years **before**.

(11b) では、第1文でメアリーがジョンに最初に会ったのは、彼女が大学3年のときだったという、過去の基準時が設定されています。そして第2文で、ジョンがMITを卒業したのは、その3年前だったと述べています。

● 未来のある時点が基準となる場合

次のような文では、未来のある時点が基準となり、before は、「そのときから…前に」という意味を表わします。

(12) a. If you plan to go to that part of Africa **next summer**, you should start taking anti-malaria pills **a month before**.
「アフリカのその地方へ来年の夏行く計画なら、その1ヶ月前にマラリア予防の薬を飲み始めるべきです。」
　　b. My passport will expire in **May 2022** but I need to renew it at least **three months before**.
「私のパスポートは2022年5月に失効するが、少なくともその3ヶ月前に更新しなければならない。」
　　c. I will be awarded my Ph. D. in **June of next year**, but I will start teaching **six months before** (that).
「私は来年の6月に博士号を授与されますが、その6ヶ月前から教え始めます。」

(12a) では、来年の夏が基準となり、その1ヶ月前にマラリア予防の薬を飲み始めなければならないと言っています。この点を図示すると次のようになります。

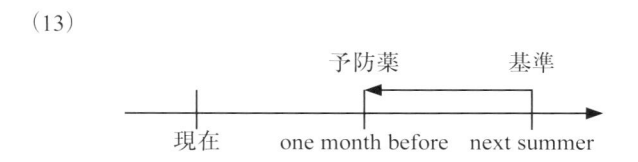

(13)

```
                        予防薬        基準
                          ←————————→
  ———————|—————————————|————————————|———————→
         現在        one month before    next summer
```

したがって、マラリア予防薬を飲み始めるのは、来年夏の1ヶ月前、それは現在からみると、まだ未来の、来年のことになります。(12b, c) でも同様の説明が当てはまります。

● Before のもうひとつの意味

Before は、(8)（=He **realized** that he had seen her **before**.）のように、過去のある時点、あるいは、(12a)（=If you plan to go to that part of Africa **next summer**, you should start taking anti-malaria pills **a month before**.）のように、未来のある時点を基準にして、「そのときより前（に）」という意味を表わしますが、これに加え、現在（発話時）を基準にして、「現在より前のどこか未指定の時点で」という意味、つまり、「これまで（に）、以前（に）」という意味も表わします。そしてその場合、次のように過去形の文や、現在完了形の文に用いられます。

(2) a. I **saw** this movie **before**.
　　 b. Why **didn't** you show me that picture **before**?
(14) a. I think I **have met** you somewhere **before**.

b. **Have** you ever **been** to Paris **before**?

Before がこのように、現在を基準にして、「現在より前のどこか未指定の時点で」という場合、イギリス英語では一般に、(14a, b) のように現在完了形が用いられます（Swan (2005: 83) 参照）。したがって、(2a, b) のような過去形の文に before が用いられるのは、主にアメリカ英語です。

　以上で、before は、過去または未来のある時点を基準にして、「そのときより前（に）」という意味を表わしたり、現在を基準にして、「これまでに、以前に」という意味を表わすことが分かりました。ただ、このように言うと、before が、過去、現在、未来のそれぞれを基準にして、「それより前に」という、3つの異なる意味を持っているという印象を与えかねません。しかし、実際には、before 自体は、「文脈によって決まる基準時より（…）前に」という、ひとつの意味のみを持ち、「文脈によって決まる基準時」が、過去、現在、未来の3通りになると考えるのが妥当でしょう。

● Ago は過去形の文に用いられる

　Before は、上で述べたように、単独でも用いられますが、ago は、単独では用いることができません。

(15) a. *I saw this movie **ago**. (cf. 2a)
　　 b. *I think I have met you somewhere **ago**. (cf. 14a)

　Ago は、どれぐらい前かを表わす three weeks, a few minutes のような表現を必ず伴いますから、明確な過去の時点が言及されることになります。したがって ago は、みなさんがすでにご存知の

ように、次のように過去形の文に現われ、現在完了形の文には用いられません。

(16) a. We **started** our business **three months ago**.
b. *We **have started** our business **three months ago**.
(17) a. **How long ago did** the train leave?
b. ***How long ago has** the train **left**?

英語の過去形は、動詞の表わす動作、状態が過去において起こったことを表わすのに対し、英語の現在完了形は、動詞の表わす動作、状態が現在までに起こったことを表わします（久野・高見(2013)『謎解きの英文法―時の表現』第4章参照）。したがって、明確な過去の時点に言及する 〜 ago という表現は、過去形とのみ共起し、現在完了形の (16b)、(17b) は不適格となります。そう考えると、(2a)（= I **saw** this movie **before**.）の before は、前節「Before のもうひとつの意味」で述べたように、「明示はしていない過去のある特定時点で」と言う解釈の過去時副詞ということになり、(14a)（= I think I **have met** you somewhere **before**.）の before は、過去時副詞ではなくて、過去から現在に至る幅を持った時間帯を指す副詞、ということになります。

● A week ago today 等はなぜ適格か？

次に、本章の冒頭であげた2つ目の問題を考えてみましょう。Before は、副詞だけでなく、前置詞としても機能するので、その後ろに名詞句を伴い、(18a) のように言えますが、ago は前置詞ではないので、(18b) のように、その後ろに名詞句を伴うことはできません（【付記3】参照）。

(18) a. [five minutes [**before** the concert]]（cf. 3a）
b. *[five minutes [**ago** the concert]]（cf. 3a）

(18a) の [five minutes [before the concert]] は、[shortly [before the concert]] 等と同じ構造を持っていると考えられます。つまり、five minutes は、before the concert を修飾する副詞的用法の名詞句で、five minutes before the concert 全体は、「副詞句」と解釈されます。

さて、ago は前置詞ではないので、(18b)（= *five minutes **ago** the concert）が不適格であることは説明できますが、それならどうして次のような表現は可能なのでしょうか。

(19) a. a week **ago** today（=4a）
b. a week **ago** now
c. four years **ago** next Wednesday（=4d）
d. a week **ago** this Christmas（=4e）

(19a-d) が適格なのは、ago が前置詞ではなく副詞で、たとえば (19a) の a week ago today は、次のように、[a week ago] とその後ろの today が、別の構成要素を成し、この表現全体が、副詞句を形成しているからです。

(20) [a week **ago**] [today]

そして、today は、「今日を基準として」という意味で、a week ago today は、「今日を基準として1週間前」、つまり、「先週の今日」という意味になります。同様に (19b) の a week ago now は、「現在を基準として1週間前」、つまり、「今から1週間前」とい

う意味です。Ago は、すでに本章冒頭で述べたように、現在（発話時）を基準にして、「今から…前に」という意味を表わします。そのため、(19a, b) は、単に a week ago とのみ言い、「現在」に言及する today や now をあえて言う必要はないので、これらを少し冗長だと感じる母語話者もいます。しかし (19a, b) は、くだけた会話表現ではよく用いられるものです。次に (19c) の four years ago next Wednesday は、「次の水曜日を基準として4年前」、つまり、「次の水曜日で4年前」という意味になります。また、(19d) の a week ago this Christmas は、「このクリスマス（の日）を基準として1週間前」という意味です。このような表現を用いた例文を次にあげておきます。

(21) a. His father died [a year **ago** (this) Christmas].
「彼の父親が亡くなってからこのクリスマスで1年になる。」
b. It happened [a week **ago** Easter].
「それはイースターの1週間前に起こった。」

(21a, b) で、単に Christmas とか Easter と言えば、それは this Christmas, this Easter という意味で、そのクリスマスやイースターの日は、発話の時点で過ぎ去ったばかりか、その当日、あるいは数日後にやってくる日を指しています。つまり、そのどの日であるにしても、発話時に近い日と解釈されます。

繰り返しになりますが、ago は、現在（発話時）を基準にして、「今から…前（に）」という表現です。したがって、three years ago X のように X が明示されて、「X を基準として…前（に）」という意味が示されると、その X は当然、時間表現（日時や曜日）でなければなりません。そのため、(19a-c) や (4a-d) では、ago

の後ろに today, tomorrow, yesterday, next Wednesday, now のような時間表現がきており、「〜を基準として」と言えるわけです。また、(19d) や (21a, b) では、ago の後ろに祝日を表わす Christmas や Easter がきていますが、祝日は時間表現ですから、他の例と同様に、これらの表現も適格となります。

一方、(3a-c) の不適格な表現（=*five minutes **ago** the concert, *a week **ago** the earthquake, *three years **ago** their marriage）では、ago の後ろの名詞句が、「コンサート、地震、彼らの結婚」であり、時間表現ではありません。そのため、「*コンサートを基準にして 5 分前（に）」などとは言えないので、これらの表現は不適格です。

次に、ago の後ろに現われる表現は、時間表現であるとともに、その時間表現は、現在（発話時）に近いものでなければなりません（(21a, b) の Christmas, Easter の解釈を参照）。それは、ago 自体が現在（発話時）を基準とするからです。したがって、たとえば次のような表現は不適格です。

(22)   *a week **ago** last Thanksgiving

(22) の表わそうとする意味、つまり、「昨年の感謝祭（あるいは、今年のすでに過ぎ去った感謝祭）の日の一週間前」はどのように言えばいいか、もうお分かりでしょう。そうです、last Thanksgiving は過去の事柄ですから、「過去の時点を基準にして…前」と言うには、次のように before を用いればいいわけです。

(23)   a week **before** last Thanksgiving

(19a-d) や (21a, b), (4a-e) のような表現は、特殊な表現ではなく、たとえば次のように、一般によく用いられるものです。

(24) a. He came **a week ago today**; somehow it doesn't seem as if it's been that long.

「彼が来て今日でもう1週間になる。どういうわけか、もうそんなに経ったとは思えない。」

b. It was **a week ago now** that I ran into her at the airport.

「私が空港で彼女とばったり会ったのは（今から）1週間前のことだ。」

c. The earthquake occurred **a week ago last Friday**.

「その地震は先々週の金曜日に起こった。」

d. She passed away **a month ago tomorrow**.

「彼女が亡くなって、明日で1ヶ月になる。」

e. His mother died **seven years ago this Wednesday**.

「彼のお母さんが亡くなってこの水曜日で7年になる。」

(=This Wednesday, his mother will have been dead for seven years.)

以上から、a week ago X のような表現は、

(i) 「X を基準として1週間前」という意味を表わすこと、

(ii) X は現在（発話時）に近い時間表現であること、

(iii) a week ago と X は、それぞれ別の構成要素であるものの、両者で「副詞句」という単一構成要素を形成している

ことが分かりました（【付記4】【付記5】参照）。

● **結び**

以上、本章では、ago と before の違いについて考察し、以下の

点が明らかになりました。

(i) 〜 ago は現在（発話時）を基準にして、「今から…前（に）」という意味を表わし、過去形の文に用いられる。この表現が表わす日時指定を 〜 before で表わすことはできない（e.g. I met him three days {**ago**/***before**}）。

(ii) Before は、「文脈によって決まる基準時より（…）前（に）」という意味を表わし、「文脈によって決まる基準時」により、過去、現在、未来の3つの異なる時間帯が指し示される。そして、before はそれに伴い、過去完了形、過去形、現在完了形、未来時表現等の文に用いられる。

(iii) Before は前置詞としても機能し、[five minutes [**before** the concert]]（コンサートの5分前（に））のように言えるが、ago は前置詞ではないので、*five minutes **ago** the concert のようには言えない。

(iv) ただ、[a week ago] [today] のような表現は可能であり、これは、「今日を基準として1週間前」という意味で、基準となる要素に現在（発話時）に近い時間表現が現われると適格となる。そして、a week ago と today はそれぞれ別の構成要素であるが、両者で「副詞句」という単一構成要素を形成する。

Narrowly と Nearly　第3章

● 勝ったの？　負けたの？

最初に、次の問題を考えてみましょう。

> 次の2文は、彼が勝ったと言っているのでしょうか、それとも、勝たなかった、つまり負けたと言っているのでしょうか。2文を日本語に直し、この点を明らかにしなさい。
> (1) a. He **narrowly** won.
> 　　b. He **nearly** won.

Narrowly を英和辞典でひくと、原意の「狭く、細く」に加えて、「かろうじて、危うく、やっと」などの派生的訳語が出てきます。すぐ下で説明しますが、これらは、narrowly にはない意味合いを含んだ表現で、この単語の適当な訳語ではありません。みなさんは、narrowly の派生的訳語を、単に「狭い幅の差で」を意味する「僅差で」と覚えてください。そうすると、narrowly を用いた (1a) は、「彼は僅差で勝った」という意味で、narrowly を取り除くことによってできる文 (He won.) が表わす意味を肯定します。Narrowly のこの肯定的意味は、just barely の肯定的意味とほぼ同じものです。

Nearly を英和辞典でひくと、「ほとんど、ほぼ」に加えて、「もう少しで〜するところ、危うく〜するところ」というような熟語

的訳語が出てきます。これもすぐ下で説明しますが、「危うく〜するところ」は、nearly にはない意味合いを含んだ表現なので、この単語の適切な訳語ではありません。みなさんは、nearly の熟語的訳語を、単に「もう少しで〜するところ」と覚えてください。そうすると、nearly を用いた (1b) は、「彼はもう少しで勝つところだった」という意味で、彼は勝たなかった、つまり負けたことになります。そうすると、(1b) は、それから nearly を取り除くことによってできる文 (He won.) を否定する He didn't win. を意味する、ということになります。

上の説明から、narrowly を用いた (1a) は、彼は勝ったので、won がそのまま肯定されており、narrowly は肯定の意味をもっていることが分かります。一方、nearly を用いた (1b) は、彼は勝たなかったので、won が否定されており、nearly は否定の意味をもっていると考えられます。

● 乗り遅れたの？　間に合ったの？

それでは、(1a, b) より少し複雑かもしれませんが、次の問題を考えてみましょう。

> 次の2文は、彼が終電に乗り遅れたと言っているのでしょうか、それとも、乗り遅れなかった、つまり、終電に間に合ったと言っているのでしょうか。2文を日本語に直し、この点を明らかにしなさい。
> (2) a. He **narrowly** missed the last train.
>   b. He **nearly** missed the last train.

（1a）の He narrowly won. が He won.（彼は勝った）という肯定を意味していましたから、この（2a）でも同様に、He missed the last train.（彼は終電に乗り遅れた）という肯定を意味することになります。ただ、narrowly は「僅差で」という意味なので、この文は、その遅れ方が僅差であったと述べています。

He **narrowly** missed the last train.

一方、（2b）の He nearly missed the last train. は、（1b）の He nearly won. が He didn't win.（彼は勝たなかった）を意味していましたから、この文でも同様に、He didn't miss the last train.（彼は終電に乗り遅れなかった）という否定を意味することになります。ただ、nearly は「もう少しで〜するところ」という意味なので、（2b）は、彼が発車間際に駅に着いて、終電に間に合ったと述べています。

He **nearly** missed the last train.

ここで、前節で、「かろうじて、危うく、やっと」が narrowly の適切な訳語ではない、と述べた理由を説明しておきます。Narrowly は、後続する動詞句が表わす動作が、主語の指示対象にとって好ましいものであるか好ましくないものであるかについての価値判断をまったく表わさない中立的な表現です。日本語の「僅差で」も、同じ特性をもっています。したがって、次の（3a, b），（4a, b）は、英文も訳文もともに適格文です。

(3) a. He **narrowly** won.（=1a）
「彼は、僅差で勝った。」
b. He **narrowly** lost.
「彼は、僅差で負けた。」
(4) a. He **narrowly** caught the last train.
「彼は、僅差で終電に間に合った。」
b. He **narrowly** missed the last train.（=2a）
「彼は、僅差で終電に乗り遅れた。」

他方、「かろうじて、危うく、やっと」は、後続する動詞句が表わす動作が主語にとって好ましいものであるという話し手の価値判断を明示する表現です。したがって、次の (a) 文は適格文ですが、(b) 文は特殊な文脈がない限り、不適格文です。

(5) a. 彼は {かろうじて、危うく、やっと} 勝った。
b. *彼は {かろうじて、危うく、やっと} 負けた。
(6) a. 彼は {かろうじて、危うく、やっと} 試験に合格した。
b. *彼は {かろうじて、危うく、やっと} 試験に落第した。

これで、どうして私たちが「僅差で」は narrowly の適切な訳語

であるが、「かろうじて、危うく、やっと」は適切な訳語ではない、と主張しているかが明らかになったことと思います（【付記1】参照）。

次に、前節で、英和辞典で nearly に付けられている熟語的訳語「危うく〜するところ」はこの単語の適切な訳語ではないと述べた理由を説明します。Nearly は、後続する動詞句が表わす動作が、主語の指示対象にとって好ましいものであるか好ましくないものであるかについての価値判断をまったく表わさない中立的表現です。日本語の「もう少しで〜するところ」も、同じ特性をもっています。したがって、次の (a), (b) は、英文も訳文もともに適格文です。

(7) a. He **nearly** won.（=1b）
　　　「彼はもう少しで勝つところだった。」
　　b. He **nearly** lost.
　　　「彼はもう少しで負けるところだった。」
(8) a. He **nearly** caught the last train.
　　　「彼は、もう少しで終電に間に合うところだった。」
　　b. He **nearly** missed the last train.（=2b）
　　　「彼は、もう少しで終電に乗り遅れるところだった。」

他方、「危うく〜するところ」は、後続する動詞句が表わす動作が主語にとって好ましくないものであるという話し手の価値判断を明示する表現です。したがって、次の (b) 文は適格文ですが、(a) 文は特殊な文脈がない限り、不適格文です。

(9) a. *彼は、危うく勝つところだった。
　　b. 彼は、危うく負けるところだった。

(10) a. *彼は、危うく終電に間に合うところだった。
　　b. 彼は、危うく終電に乗り遅れるところだった。

これで、どうして私たちが「もう少しで〜するところ」はnearlyの適切な訳語であるが、「危うく〜するところ」は適切な訳語ではない、と主張しているかが明らかになったことと思います。

● Narrowly と nearly の例文とその意味

ここで、さらに議論を進める前に、まず、narrowly とその同義語の just barely を用いた例をあげ、それらの日本語訳を示して、意味を確認しておきましょう。

(11) a. The Red Sox **narrowly** / **just barely** defeated the Yankees.
　　　「レッドソックスは、僅差でヤンキースに勝った。」
　　b. I **narrowly** / **just barely** caught the last bus.
　　　「私は僅差で最終バスに間に合った。」
　　c. He **narrowly** / **just barely** escaped being hit by a car while crossing the street.
　　　「通りを横切っていて、彼は僅差で車にひかれるのを免れた。」
　　d. She **narrowly** / **just barely** passed the entrance exam.
　　　「彼女は僅差で入試に受かった。」

これらの文では、narrowly や just barely が、いずれも「僅差で」という意味を表わし、「ヤンキースに勝った」、「最終バスに間に合った」、「車にひかれるのを免れた」、「入試に受かった」という

動詞句が表わす意味内容が僅差だったものの、肯定されています。

次に、nearly とその同義語の almost を用いた例をあげ、それらの日本語訳を示して、意味を確認しておきましょう。

(12) a. The Red Sox **nearly / almost** defeated the Yankees.
「レッドソックスは、ヤンキースにもう少しで勝つところだった。」

b. An arrow **nearly / almost** hit his back.
「矢はもう少しで彼の背中に当たるところだった。」

c. He was **nearly / almost** late for school.
「彼はもう少しで学校に遅刻するところだった。」(＝ぎりぎり間に合った。)

d. Her cat was **nearly / almost** run over by a car.
「彼女の猫はもう少しで車にひかれるところだった。」

これらの文では、nearly と almost が、いずれも「もう少しで～するところ」という意味を表わし、「ヤンキースに勝った」、「(矢が)背中に当たった」、「学校に遅刻した」、「車にひかれた」という動詞句が示す意味とは逆の、これらを否定する意味が生じています。

● 「肯定」と「否定」の診断テスト１―付加疑問文

以上の考察から、narrowly を含む文（たとえば、He narrowly won.）は、それが入っていない文（He won.）が表わす意味を肯定し、nearly を含む文（たとえば、He nearly won.）は、それが入っていない文（He won.）が表わす意味を否定することがはっきり

しました。それでは、narrowly を含む文は肯定文、nearly を含む文は否定文ということができるでしょうか。この問いに答えるために、この２種類の文にいくつかの構文テストを適用してみましょう。

Seldom や hardly のような副詞が、たとえば often や frequently, slightly のような肯定的意味を表わす副詞とは異なり、否定的表現であることは、たとえば次のようなテストで明らかになります。

(13) 付加疑問文
 a. John **often** goes out these days, {***does** / **doesn't**} he?
 b. John **seldom** goes out these days, {**does** / ***doesn't**} he?

(13a) の often は否定の意味をもたず、「ジョンは最近よく外出する」という肯定の意味ですから、これに付加疑問をつけると、否定の doesn't he? となります。一方 (13b) の seldom は、「めったに〜しない」という否定の意味を表わしますから、この文に付加疑問をつけると、肯定の does he? となります。

それでは、(1a, b), (2a, b) に付加疑問をつけるとどうなるでしょうか。正解は次に示すとおりです。

(14) a. He **narrowly** won, {***did** / **didn't**} he?
 b. He **nearly** won, {***did** / **didn't**} he?
(15) a. He **narrowly** missed the last train, {***did** / **didn't**} he?
 b. He **nearly** missed the last train, {***did** / **didn't**} he?

(14a, b), (15a, b) すべてで、否定の didn't he? がつきます。そうすると、(1a, b), (2a, b) は、すべて肯定文ということになります。

第3章 Narrowly と Nearly　51

これは、narrowly を用いた (14a), (15a) では予想どおりですが、nearly は、上で示したように否定の意味を表わすので、矛盾しているように思えます。なぜ、nearly の場合も否定の付加疑問がつくのでしょうか。

● 「肯定」と「否定」の診断テスト2
　　—So / Neither の使用

ある文が肯定文か否定文かを調べるテストとして、次のようなものもあります。

(16) So / Neither の使用
　a. John **frequently** goes out these days, and {**so** / ***neither**} does his wife.
　b. John **hardly** goes out these days, and {***so** / **neither**} does his wife.

(16a) の前半は、ジョンが最近頻繁に外出するという肯定の意味ですから、後半で、彼の妻もそうだと言う場合、**so** does his wife となります。否定を表わす **neither** does his wife とは言えません。一方、(16b) の前半は、ジョンは最近ほとんど外出しないという否定の意味ですから、後半で、彼の妻もそうだと言う場合、**neither** does his wife と否定になり、**so** does his wife とは言えません。

それでは、(1a, b), (2a, b) の場合はどうでしょうか。

(17) a. He **narrowly** won, and {**so** / ***neither**} did his brother.
　b. He **nearly** won, and {**so** / ***neither**} did his brother.
(18) a. He **narrowly** missed the last train, and {**so** / ***neither**} did

his brother.
   b. He **nearly** missed the last train, and {**so** / ***neither**} did his brother.

(17a, b), (18a, b) では、すべて **so** did his brother となります。これは、narrowly を用いた (17a), (18a) では予想どおりですが、否定の意味を表わすはずの nearly を用いた文 (1b), (2b) は、このテストでも肯定文であるということになります。

● 「肯定」と「否定」の診断テスト3―動詞句削除

念のため、もうひとつだけ次のテストを見ておきましょう。

(19) 動詞句削除
   a. I can understand him **slightly**, and she can [$_{VP}$ ϕ], too.
   b. *I can **scarcely** understand him, and she can [$_{VP}$ ϕ], either.
      (cf. I can **scarcely** understand him, and she **can't** [$_{VP}$ ϕ], **either**.)

(19a, b) の第2文では、動詞句 (VP) の部分が削除されています。この動詞句削除は、「助動詞＋動詞句 (VP)」という構造で、動詞句の部分が文脈から復元可能であれば削除されますが、(19b) が不適格であることから分かるように、その動詞句が文否定辞 (＝文全体を否定する否定辞) を含んでいる場合には適用しません。そのような場合は、その否定辞を助動詞の方に出して ((19b) では can't にして)、省略される動詞句には文否定辞が含まれていないようにしなければなりません。

それでは、(1a, b), (2a, b) はどうなるでしょうか。

(20) a.　He **narrowly** won, and she did [vp ϕ　], too.
　　 b.　He **nearly** won, and she did [vp ϕ　], too.
(21) a.　He **narrowly** missed the last train, and she did [vp　ϕ　], too.
　　 b.　He **nearly** missed the last train, and she did [vp ϕ　], too.

(20a, b), (21a, b) の動詞句削除はすべて適格です。したがって、ここでも narrowly を含んだ (1a), (2a) だけでなく、nearly を含んだ (1b), (2b) も、ともに肯定文だということになります。

● Nearly はなぜ肯定の副詞か？

(1b) の He **nearly** won. は、「彼はもう少しで勝つところだった」という意味で、実際には、彼は勝たなかったわけですから、本章の冒頭で述べたように、この文は否定的意味合いをもっていると考えられます。同様に (2b) の He **nearly** missed the last train. も、「彼はもう少しで終電に乗り遅れるところだった」という意味で、実際には、乗り遅れなかったわけですから、否定的意味合いをもっています。それにもかかわらず、上の３つのテストで、(1b), (2b) の nearly は、hardly や seldom, scarcely のような否定の意味を表わす副詞と違って、肯定の意味を表わす副詞であることが分かりました。この一見矛盾しているように思える現象は、いったいどのように説明されるのでしょうか。

実は、nearly を用いた (1b), (2b) は、narrowly を用いた (1a), (2a) と同様、上の３つのテストが示すように、肯定文です。Nearly の形容詞は、もちろん「近い」という意味の near で、nearly は、ある到達点、基準点に「近い」状態にはあるけれども、その点にまでは至っていないことを示します。つまり、もう少し

でその到達点、基準点に達するところという意味を表わします。これを He **nearly** won.（=1b）に当てはめて説明すると、彼は、勝つという到達点に「近い」状態、つまり、もう少しでその勝つという到達点に達するところだったという意味になります。これでお分かりのことと思います。ここに否定の意味はありません。勝つという到達点に近い状態だったという肯定の意味から、それは結局、勝たなかったという否定を意味するというのが推論によって引き出されるわけです。Nearly 自体が否定の意味をもっているわけではありません。

上記の点をもう少し具体的に説明しましょう。たとえば（1b）（=He **nearly** won.）で、彼と対抗者が得点をあげていく規定数（たとえば、10回戦）のゲームをしており、ゲーム終了時に彼があげた得点の方が対抗者があげた得点より1点でも上なら、彼は勝ったことになります。逆に、対抗者があげた得点の方が上なら、彼は負けたことになります。この点を次のような図にしてみましょう。

(22)　　He **nearly** won.（=1b）

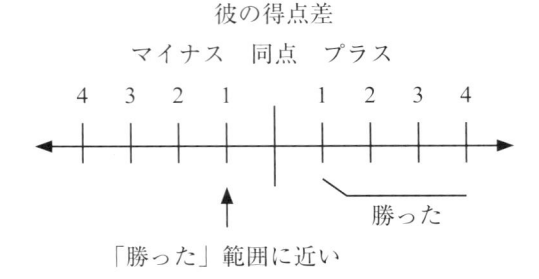

彼の得点差

マイナス　同点　プラス

4　3　2　1　　　1　2　3　4

↑
「勝った」範囲に近い

nearly

勝った

(22)では、彼と対抗者の得点が同点の場合を中心にして（中央

に示し)、彼の得点差がプラスの場合を1点ずつその右側に、マイナスの場合をその左側に示しています。この図で、彼の得点差の方が1点以上の場合に、彼は勝った (He won.) ことになります。この図が示すように、(1b) (= He **nearly** won.) の nearly は、彼が「勝った」という範囲に「近かった」ことを肯定する副詞、つまり、(1b) 全体は、肯定文、ということになります。彼が「勝つ」範囲に近ければ、推論として、「彼が勝たなかった」という解釈が生まれます。したがって、nearly を含んだ文の否定解釈は、その文の基本的解釈から推論によって生じる解釈ということになります。

　同様、次に、He **nearly** lost. が表わす意味を示します。

(23)　　He **nearly** lost.

彼の得点差

マイナス　同点　プラス

```
  4  3  2  1     1  2  3  4
──┼──┼──┼──┼──┼──┼──┼──┼──
```

負けた

↑
「負けた」範囲に近い
nearly

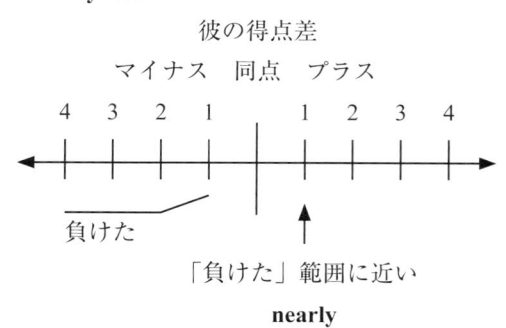

Lose は win の反意語ですから、「負けた」に対応する範囲が、(22) とは反対に、基準点 (同点) の左側になることに注意してください。Nearly は、彼の得点差が、「負けた」範囲には近かったけれども、その範囲には達していなかったことを表わします。彼の得点差が負けた範囲に達していなければ、「彼は負けなかった」という解釈が推論によって生じることになります。

ここで、(1b) の He **nearly** won. に関して、nearly のない He won. 自体は、「彼は勝った」という肯定の意味であり、nearly も肯定の副詞なのに、どうして「彼は勝たなかった」という意味が生じるのか、もう少し詳しく検討しておきましょう。(22)の図で、「勝った」範囲は、He won. が表わす部分、そして nearly は、その範囲に近いものの、そこには至っていないところを指すため、He **nearly** won. は、「彼は勝ったのに勝たなかった」というような矛盾した意味になってしまうのではないかと思われるかもしれません。この点は、実は、この文で示されている過去時制が、元々、この文の表わす意味内容の外にあって、次のような派生を経て、(1b) が生じたと考えられます。((23) の He **nearly** lost. についても同様の派生過程が想定できます。)

(24)　基底構造：Did [He nearly win]（過去[彼は勝つのに近い]）
　　　　　　　　　↓
　　　表層構造：He nearly won.（彼は勝つのに近かった）

つまり、[He nearly win] という、過去時制を取り除いた命題が最初にあり、これが「彼は勝つのに（勝つ範囲に）近いところにいる」という意味で、次に、過去時制の Did が win と一緒になって won となり、He nearly won. という、「彼は勝つのに（勝つ範囲に）近いところにいた」という、過去の単一の出来事を表わす文が派生するものと考えられます（【付記2】参照）。

● (2b) の説明

(2b)（=He **nearly** missed the last train.）でも、上と同様の説明ができます。この文は、次のような文派生を経て生じることにな

ります。

(25)　基底構造：Did [He nearly miss the last train]
　　　　　　　　（過去［彼は終電に乗り遅れるのに近い］）
　　　　　　　　　　　　↓
　　　　表層構造：He nearly missed the last train.
　　　　　　　　　（彼は終電に乗り遅れるのに近かった）

すなわち(2b)は、「彼は終電に乗り遅れるのに近いところにいる」という命題に、過去時制の Did が組み入れられて派生することになります。ここで、Did が組み入れられる前の命題を考えてみましょう。たとえば、終電の発車が 12 時だとすると、12 時を過ぎてプラットフォームに着けば、乗り遅れる（miss the last train）ことになりますから、乗り遅れるのに近いところにいるというのは、12 時より前、たとえば 11 時 59 分に着くことになります。この点を次のように図示しましょう。

(26)　He **nearly** missed the last train.(=2b) の Did が組み入れられる前：

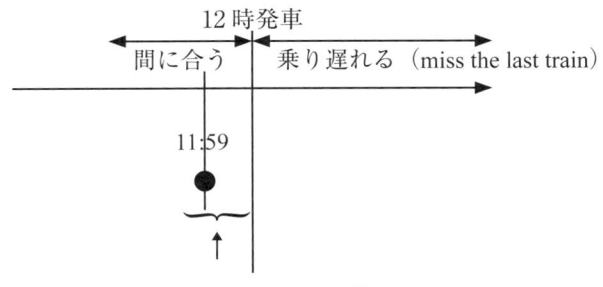

```
                    12 時発車
        ←――――――――┼――――――――→
          間に合う  │  乗り遅れる（miss the last train）
        ――――――――┼――――――――→
                    │
            11:59    │
              ●     │
            ⎵⎵⎵⎵   │
              ↑
    乗り遅れる範囲に近い時間帯
              nearly
```

(26) の ● で示したように、nearly は、「乗り遅れる」(miss the last train) という時間帯 (12 時以降の、両方向に矢印のある線で示した時間帯) に入らず、その範囲に近い時間帯 (たとえば、11 時 59 分) にあるということを示しています。つまり、「乗り遅れる」という時間帯に近いものの、その時間帯には至っていないわけです。ここから、推論として、乗り遅れない (つまり、間に合う) ということになりますが、nearly 自体は、「乗り遅れない」という否定を述べているのではなく、上の図が示すように、乗り遅れる範囲に近い時間帯にあるということを示しているのみですから、決して否定を表わしているわけではありません。そして最終的に過去時制の Did が組み込まれ、彼は終電に乗り遅れるのに近い状態だった、つまり、もう少しで乗り遅れるところだった (=He **nearly** missed the last train.) という肯定の意味が生じます。よって (2b) は、上の 3 つのテストでは、肯定文としての振る舞いをするわけです。

● He nearly made the last train. だとどうか？

ここで、(2b) の動詞句が「終電に乗り遅れた」(missed the last train) ではなく、その逆の「終電に間に合った」(made / caught the last train) だとしてみましょう。

(27) He **nearly** made the last train.
「彼はもう少しで終電に間に合うところだった。」

この文が、「彼は終電に間に合うのに「近い」状態である」という命題に、過去時制の Did が組み込まれ、「終電に間に合うのに近い状態だった」となり、肯定の意味を表わすことは、もう明ら

かだと思われます。上と同様に終電の発車が12時だとすると、彼は12時までにプラットフォームに着けば間に合います（make the last train）。しかし、彼はその間に合う時間帯に近い状態にいるわけですから、たとえば12時1分に着くことになります。この点を（26）と同様に時系列で図示すると、次のようになります。

(28) He **nearly** made the last train.(=27) の Did が組み入れられる前：

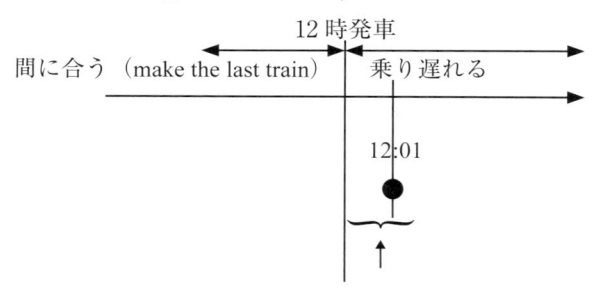

```
                    12 時発車
                ←──────────┼──────────→
間に合う (make the last train) │ 乗り遅れる
────────────────────────────┼────────────────────────→
                            │
                          12:01
                            ●
                            ↑
                            ⏟

            間に合う範囲に近い時間帯
                    **nearly**
```

Nearly は、彼が「終電に間に合う」範囲に近いけれども、その範囲には達していないことを表わします。間に合う範囲に達していなければ、「彼は間に合わない」という解釈が推論によって生じることになります。

最後に、narrowly について簡単に触れておきます。Narrowly の形容詞は、もちろん「（幅が）狭い」という意味の narrow で、narrowly は、ある到達点、基準点に達してはいるけれども、その幅が狭いことを示します。つまり、僅差でその到達点、基準点に達しているという意味を表わします。これを He **narrowly** won. (=1a) に当てはめて説明すると、彼は勝つという到達点に達して

はいるけれども、その（たとえば得点差の）幅が狭いので、「彼は僅差で勝った」という肯定の意味になります。(2a) や (11a-d) なども同様に説明されます。

● 結び

　本章では、一見同じように思える副詞 narrowly と nearly を取り上げ、narrowly は、「僅差で」という意味で、just barely とほぼ同じ意味で用いられるのに対し、nearly は、「もう少しで～するところ」という意味で、almost とほぼ同じ意味で用いられることを観察しました。そして、He **nearly** won.（=1b）は、「彼はもう少しで勝つところだった」という意味で、勝たなかったことを表わし、同様に、He **nearly** missed the last train.（=2b）は、「彼はもう少しで終電に乗り遅れるところだった」という意味で、終電に乗り遅れなかったことを表わすので、nearly が否定的意味を表わすことを示しました。しかし、3つの肯定／否定の診断テストから、nearly は narrowly と同様に、肯定の副詞であることを示し、なぜこのような一見不思議に思える現象が起きるのかの謎を解き明かしました。

　Nearly が、hardly や seldom などと異なり、否定を表わすのではないということは、次のような文では明らかです。

(29) a.　He is **nearly** 20 years old.
　　 b.　The concert hall was **nearly** full.

(29a) は、彼は 20 歳に「近い」、つまり、正確には 20 歳になっていないものの、ほぼ 20 歳であると述べています。(29b) も同様で、そのコンサートホールは、満員に「近い」状態だった、つ

まり、正確には満員ではなかったものの、ほぼ満員の状態だったと述べています。

　結局、(29a, b) の nearly と (1b), (2b) や (12a-d), (27) の nearly は同じ用法です。Nearly は、ある到達点、基準点に「近い」状態にあることを表わすために、その点に達してはいないので、否定的意味が生じますが、それは推論上の意味であって、nearly 自体が否定の意味をもっているのではないということになります。

コラム②

ボストン チャールズ河畔の散歩道

このコラムの最初に、読者のみなさんの大半に聞き慣れない通りの名前がたくさん出てきますが、辛抱してお読みください。そうすれば、どうして通りの名前が続出しているか、明らかになります。

著者の一人である私は、2014年の10月に、マサチューセッツ州ケンブリッジの郊外のベルモントという町にある家から、ボストンの Beacon Street という通りのコンド（ミニアム）に転居しました。 Beacon St. と言っても、ボストンの超高級地 Beacon Hill の Beacon St. ではなくて、同じ通りの続きですが、もっと庶民的な地域にあるコンドです。通りの両側

には、1870年代に建てられたレンガ造りの5階か6階建ての昔のままの外装の建て物と、当時の建物を2つか3つつぶして、そのあとに8階建て、9階建ての大きい住居ビルを建てたものとが入り混じって立ち並び、ビルとビルの間には、一寸の隙間もありません。そのため、このような住居ビルは、row house（長屋）と呼ばれています。各ビルの前に、猫の額ほどの庭があります。各ビルには、通し番号の番地がついていますが、番地がついているビルが並んでいるのは、東西に走る通りだけです。Beacon St. は、チャールズ河に沿って走っているStorrow Drive という parkway（両側・中央分離帯に樹木・芝が植えられた広い道路。以下の（15）を参照）から、一列の住居ビルをへだてた所にある、東西に走るかなり広い通りです。私たちのコンドの裏側（チャールズ河と反対側）には、Public Alley ○○番 という狭い通りが走っています。この通りは、主に、ビルの裏側に駐車スペースを持っている居住者のためのものです。また、週2回、ボストン市の大型トラックが、ここを通ってビルの裏口から出されたごみやリサイクル品を回収に来ます。私たちのコンドの近辺には、Beacon St. から南に走る Clarendon St., Dartmouth St., Exeter St., Fairfield St. などという、アルファベット順に名前のついた通りがありますが、先に述べたように、これらの通りに並んでいる建物には、一部の例外を除いて、道路に面した入り口がなく、番地もありません。なぜなら、その建物の入り口は、東西に走る通りの表についているからです。Exeter St. を南に向かって（つまり、チャールズ河の反対方向に）歩いていくと、7分ほどで、ボストンマラソンのテロ爆破事件（2013年4月15日）の現場に出ます。どうして私がこのようにたくさん、読者のみなさんの大半に聞き慣れない通りの名前を書き連ねているかは、

もうしばらくこのコラムを読み続けていただければ、明らかになります。

　私は、『謎解きの英文法―省略と倒置』のコラム "Leash and Pick up after Your Pet" で、ハーバード大学のフットボールスタジアムのそばにある大きな路面駐車場から入れる散歩道（私の場合はジョギング道）、自転車道の話を書きました。その道は、チャールズ河に沿ったくねくねした道ですが、チャールズ河にたむろするカナダガンが、その道や周囲の草原に糞を垂れ流して、私を含め、散歩に来る人たちの多くが、この害鳥を目のかたきにしていることを書きました。また、この散歩道の入り口にある立て札、"Leash and Pick up after Your Pet" が、「あなたのペットにリードをつけて、（糞を）拾いなさい」という意味であり、この立て札表現に含まれている省略の言語学的説明も加えました。

　私は、さらに『謎解きの英文法―使役』のコラム「トンビと凧」で、私のジョギングをケンブリッジのチャールズ河畔から、当時の家の近くでベルモント高校に隣接する町の野外競技場に移したことを書きました。ジョギングをしながら、その競技場の背の高い照明塔に止まりに来るトビに似た鳥を見ているうちに、どうして、英語でトビも凧も同じ単語 kite なのか、と不思議に思い、トビが凧になった由縁を辿りました。

　本書のこのコラムのタイトルは、「ボストン チャールズ河畔の散歩道」ですが、この散歩道は、"Leash and Pick up after Your Pet" のチャールズ河の散歩道とは大違いです。Storrow Drive の上にかかっている歩道橋を渡ると、チャールズ河の散歩道に出ますが、ここは、チャールズ河がボストン湾に流れ込むすぐ前の所で、広大な川幅になっています。河の右方に、Longfellow Bridge が見えます。橋の向こうに、アメ

リカ独立戦争の古戦場（1775年）として有名なチャールズタウン（Charlestown）のバンカー・ヒル（Bunker Hill）の記念塔がそびえて見えます（チャールズタウンは、ボストンよりも古く開けた開拓地で、ハーバード大学の名前の由縁の John Harvard は、この開拓地の牧師をしていたということです（【付記1】参照））。この塔の右手に、チャールズ河がボストン湾に流れ込む地点と、対岸のチャールズタウンを結ぶ ザキム・バンカーヒル橋が見えます。この橋は、吊り橋で、主塔が二つあり、主塔から橋桁に走る何百本かのクローム色のケーブルが、富士山を二つ並べたかのような華麗な輪郭を作り出しています。ただし、チャールズ河畔から見えるのは、そのチャールズタウン側の富士山だけです。それも、背景の空の色いかんによって、くっきり見えて、私をうっとりさせるときもあれば、また、空の色に溶け込んでしまって、いくら目をこらしても見えず、私をがっかりさせるときもあります。

　歩道橋を渡ってチャールズ河畔の散歩道に出た地点の対岸のやや左よりに MIT のドームが見え、さらにその左に、Harvard Bridge が見えます。Harvard Bridge は、Massachusetts Ave. にかかっている橋です。ボストン側から北に向かって Harvard Bridge（ローカルの俗名 MIT Bridge）を渡ると、すぐ MIT です。この橋の名の起源は、Harvard（University）Bridge ではなくて、(John) Harvard Bridge です。Harvard University は、1636年に New College という名のもとに創立されたものですが、1639年に Harvard 牧師（英国ケンブリッジ大学卒の資産家で、現在のハーバード大学がある周辺に広大な土地を所有していた、ということです）の遺言によって New College に当時のお金で 779 英ポンド（現在の貨幣価値で約 23 万英ポンド、34 万米ドル、約 4 千万円（【付

記2】参照))と、400冊の蔵書が寄贈され、New College が現在の名前に改名されたということです(【付記3】参照)。

　ボストンに移って、私のジョギング場は、このボストンのチャールズ河の河畔に移りました。ここにもカナダガンと鴨がいて、糞の猛烈な垂れ流しをしているのですが、そういう場所は長い散歩道のごく限られた場所だけなので、それほど気になりません。ここにも、ケンブリッジのチャールズ河畔の散歩道と同じように、Leash and Pick up after Your Pet という立て札が立っていますが、面白いことに、ここの立て札には、ケンブリッジの立て札に書いてなかったことが書いてあります：「違反者罰金200ドル」!!! です。そのおかげか、犬の糞は見たことがありません。(もっとも、ケンブリッジのチャールズ河の河畔でも、犬の糞を見たことはありませんでした。)

　この散歩道の途中に、ボストンの初夏の野外無料演奏会シリーズ Esplanade Concerts が行なわれる野外コンサートホールがあります。米国独立記念日の7月4日には、ここでボストンポップス・オーケストラの演奏を中心とした野外演奏会が開かれます。演奏会が始まる何時間も前から、ステージの前

の野原の良いスポットを確保しようとする観客が、デッキチェアーや、草の上に敷くシートを持って集まります。演奏する最後の曲チャイコフスキーの 1812 序曲が終わると、チャールズ河に仕掛けられた豪華な花火が打ち上げられます。

　この散歩道の脇の野原に、立派なジャーマン・シェパードの銅像があります。東京、渋谷のハチ公の銅像と違って、誰も、目もくれない寂しい存在で、「ハチ公の前で５時半に会いましょう」などというようなデートの場にされているような様子は、まったくありません。この犬は、しょんぼりとうつむいた、いかにも寂しげな顔をしています。この銅像は、映画女優、コメディアンとして 19 世紀後半のアメリカを風靡した Loretta Crabtree（1847-1924）の死後、彼女の遺族が、彼女の動物愛護精神を受け継いでボストン市に寄贈したもので、ハチ公の銅像と異なり、特定の飼い犬を記念したものではなく、犬一般を象徴した銅像です。この像の２メートルの高さの土台の下は、犬や馬のような「勤労動物（working animals）」の喉の渇きをいやすための水貯めになっています。

　この散歩道をジョギングしているうちに、ふと気になったこ

とがあります。このコラムの最初にあげた通りの名前は、高速道路の Storrow Drive と、ごみ回収トラックの通る Public Alley 以外はすべて Street でしたが、どうして Harvard Bridge がかかっている通りは、Massachusetts Avenue なのだろうか、という疑問です。そこで、グーグルで検索して、"explain like I'm five"（私が五歳児だと思って説明してください）というサイトがあるのを見つけました。そこに、「Ave. Rd. St. Ln. Dr. Blvd. etc.（Avenue, Road, Street, Lane, Drive, Boulevard, etc.）の違いは、何で、どの単語が何に対して用いられるのですか」という質問があり、大変役に立つ回答が載っていました。この回答は、road, street, avenue を始めとして、約 60 の通りの名称をあげているものですが、この回答者は、このサイトで、これで 5 回目の gold（最優秀回答賞）をもらったと述べています。

　この回答者は、まず最初に、通りの名前は、町、市ごとに、それぞれの何らかの規則で決めるものであって、（異なった町や市の間で協定があるわけではないから）共通の規則があるわけではない、それぞれの通り名について、10 以上の異なった定義があり得る、自分が下にあげる定義は、自分がいろいろなソースを調べて、そのソース間で、最も共通の定義と思えるものを選んだもので、以下の通り名の多くは、リストの他の通り名とすり替えて用いても差しつかえないものである、という旨の断り書きをしています。次に、このリストの中から、私たちにとって最もためになると思われるものを 20 選んで、定義を訳して示します。そして、その定義と、このコラムの冒頭に列記したボストンの通り名との一致、不一致を指摘して、上記回答者の断り書きの通りであることを確認します。それにもかかわらず、通り名についての、回答者の平均的定義を下に示すの

は、これらの定義に、なるほど、とうなずけるものが多く入っていると思うからです。きっとみなさんも参考になり、それぞれの違いを興味深く思われることでしょう。

1. road: 無色の、点Aと点Bを結ぶ通りという意味。
2. street: ビルディングを結びつける表現。通常、大きい町の通りに使われ、通常、東西の通りで、avenue の反意語。
    著者感想: 家のない野原や林の中を通る道には、St. が用いられていません。
3. avenue: 南北の通り。street が南北で、avenue が東西の通りという場合もある。通常、中央分離帯がある。
    著者感想: Massachusetts Ave. は南北に走る通りですが、ボストンの通り名は、東西、南北で St. と Ave. を使い分けるというシステムになっていませんから、この一致には、あまり意味がありません。また、Massachusetts Ave. には、中央分離帯がありません。
4. boulevard: 中央か両側に樹木が植えられている通り。
5. lane: 通常、中央分離帯がない狭い通り。
6. drive: 曲がりくねっている私道。
    著者感想: Storrow Drive は、曲がりくねってはいますが、私道ではなく、公道です。(チャールズ河の対岸 (ケンブリッジ側) を走る公道も Memorial Drive と名づけられています。) 端から端まで、10分もかからない短い高速道路なので、堂々と Storrow Parkway などと命名す

ることをはばかって、Drive と名づけたのか
もしれません。
7. way: 辺鄙(へんぴ)な所にある短い道。
8. court: 通常、袋小路で終わる道。
9. trail: 森の中か森の近くにある道。
10. highway: 主要な公道で、通常、多数の市にまたがる。
11. motorway: highway と類似しているが、ニュージーランド、イギリス、オーストラリアでより多く使われる表現。車を止めることはできず、人や動物が歩いたり、渡ったりできない。
12. interstate: 通常、多数の州をつなぐ highway を指すが、一州の中だけの highway を指すのに用いられているケースもある。
13. turnpike: highway の下位概念で、通常、有料道路。しばしば、大きい町や、商業地域のそばにある。
14. freeway: highway の下位概念で、各方向、2車線以上あり、無料。交差点なし。
15. parkway: 主要公道で、通常、両側に木などが植えられて手入れが行き届いている通り。交通信号灯あり。
    著者感想: Storrow Drive は、parkway と性格づけられていますが、ケンブリッジに入ると、交通信号灯が出てきます。10 から 15 までの高速道路の違いの説明は、なるほどとうなずけるもので、大変役に立ちます。
16. causeway: 通常、水面上を通る道路と橋からなる通路。
    著者感想: この意味を表わす短い日本語表現がないので、英和辞典で、causeway に「主要［幹線］道路、

街道（highway）」などの訳語が付けられていますが、これで、causeway と highway の違いがお分かりになることと思います。

17. beltway: 　都市の周りを走る highway。
18. alley: 　ビルディングの間の狭い道。両端で道路につながることもある。車が通れないこともある。
　　著者感想： 私たちのコンドビルの裏側にある Public Alley ○○は、大型ごみ回収車が通れるかなりの幅の通りですが、コンドビルの表側の通りに比べれば、まさに狭い通りです。その両端は、南北に走る通りに通じています。ですから、これらの通りを渡れば、隣のブロックの裏通りに入るわけですが、それらには、Public Alley △△，Public Alley □□というように、別の番号がつけられていて、普通の通りのような、続きの通り、という取り扱いはされていません。
19. esplanade: 通常、海の近くの歩道で、長い、広い、平らなエアリア。
　　著者感想： チャールズ河畔の Esplanade は、かなり広い幅の５キロ近くの長さの草地帯で、その中に広い舗装された散歩道が二本（三本の箇所もある）走り、小さい遊園地や、野外演奏会のための、半ドーム型ステージもある大型のものです。両端がチャールズ河につながっている長くて広い Lagoon（＜米＞河・湖水などに通じる池、沼）もあります。確かに、（海のかわりに）大きい河の近くにあり、幅の広

い草地全体が歩道と言えないことはなく、「長くて平らなエアリア」もピタリ一致しています。
20. driveway: ほとんど常に、一つあるいは、少数の関連ある住宅に導く私道。

　上に示したように、回答者の定義と、私たちのボストンのコンドの周辺の通りの名前は、一致しているところもあるし、一致していないところもある、というのが実情ですが、通りの名前の平均的な「意味」を知ることは、有益ですので、ここに記述した次第です。

情報の新旧と省略の順序
—副詞句の省略—

第4章

● 分かっていても省略できない？

日本語は省略が多く、分かっている事柄は自由に省略できるとよく言われます。しかし、分かっている事柄が何でも自由に省略できるわけでは決してありません。たとえば、次の2組の会話を見てみましょう。

(1) 話し手A： 君は、<u>夜12時には</u>もう寝ていますか。
　　話し手B： はい、僕は　φ　もう寝ています。
(2) 話し手A： 君は、<u>夜12時に</u>寝るんですか。
　　話し手B： *はい、僕は　φ　寝るんです。

(1)では、話し手(A)の質問に対して、話し手(B)は、「夜12時には」を省略して、「はい、僕は φ もう寝ています」と答えることができます。しかし(2)では、話し手(A)の質問に対して、話し手(B)は、「夜12時に」を省略して、「*はい、僕は φ 寝るんです」と答えると、極めて不自然で、不適格な文となってしまいます。省略された「夜12時には」と「夜12時に」は、ともに話し手(A)がすでに言っていることなので、話し手(B)には分かっていることです。しかし、(1B)は適格ですが、(2B)は不適格です（【付記1】参照）。

同じことは、次の例でも観察されます（どの単語にも顕著な強調ストレスを置かないで発音されたものとします）。

(3)　話し手A：　君は太郎君を「腰抜け」と呼んだのか。
　　　話し手B₁：　うん、φ 呼んだ。
　　　話し手B₂：　うん、φ「腰抜け」と呼んだ。
　　　話し手B₃：*うん、太郎君を　φ 呼んだ。

　話し手（A）の質問に対して、話し手（B）は、「うん、僕は太郎君を『腰抜け』と呼んだ」とわざわざすべてを言わなくても、話し手（B₁）や（B₂）のように、「うん、φ 呼んだ」、「うん、φ『腰抜け』と呼んだ」と言うことができます。しかし、(B₃)のように、「*うん、太郎君を φ 呼んだ」とは言えません。ここで省略された「『腰抜け』と」は、話し手（A）がすでに言っていることなのに、どうしてこのように言えないのでしょうか。
　以上のように、先行文ですでに分かっている要素でも、省略できる場合とできない場合があるのはなぜでしょうか。省略はどのような場合に許されるのでしょうか。
　英語でも同様の現象が見られます。まず、次の会話を考えてみましょう。

（4）　Speaker A:　Was he still alive **in 2000**?
　　　　　　　　　「彼は2000年にはまだ生きていましたか。」
　　　Speaker B:　Yes, he was still alive φ.
　　　　　　　　　「はい、まだ生きていました。」
（5）　Speaker A:　Was he killed **in 2000**?
　　　　　　　　　「彼は2000年に殺されたのですか。」
　　　Speaker B: *Yes, he was killed φ.
　　　　　　　　　「*はい、殺されたのです。」

（4）の話し手（B）は、話し手（A）の質問のin 2000を省略して、

Yes, he was still alive ϕ . と答えることができます。一方、(5) の話し手 (B) は、話し手 (A) の質問の in 2000 を省略して、*Yes, he was killed ϕ . と答えることができません。省略要素はともに in 2000 で、この表現は、(4) と (5) ともに、話し手 (A) の発話に現われているにもかかわらず、どうしてこのような違いが生じるのでしょうか(【付記2】参照)。

同様のことが、次の例でも観察されます(どの単語にも顕著な強勢(ストレス)を置かないで発音されたものとします)。

(6) Speaker A: Did you go **to the Central Park with your cousin**?
    Speaker B₁: Yes, I went ϕ with my cousin.
    Speaker B₂: *Yes, I went to the Central Park ϕ .

(7) a. I'm up **at five o'clock in the morning**, and my wife is up ϕ , too.
    「私は朝5時には起きていますし、家内も ϕ 起きています。」

  b. *I get up **at five o'clock in the morning**, and my wife gets up ϕ , too.
    「*私は朝5時に起き、家内も ϕ 起きます。」

(6) では、話し手（A）の質問に対して、to the Central Park を省略して、話し手（B₁）のように答えることはできますが、with my cousin を省略して、話し手（B₂）のように答えることはできません。また（7a）では、第2文で at five o'clock in the morning を省略することが可能ですが、（7b）では、第2文で at five o'clock in the morning を省略することはできません。

　本章では、英語や日本語の上記のような省略現象を考察します。そして、省略は、先行文脈にその省略要素が現われていればいつでも許されるわけではないことを観察するとともに、どのような場合に省略が可能となるかを明らかにしたいと思います。

● 新情報と旧情報

　私たちが聞き手に伝達する文は、多くの場合、聞き手がすでに知っていたり、文脈から予測できる情報と、聞き手が知らなかったり、文脈から予測できない情報の2つを含んでいます。たとえば、次の会話を見てみましょう。

(8)　Speaker A:　**Who** does John like?
　　　Speaker B:　(He likes)　　　**Mary**.
　　　　　　　　　より旧い情報　　より新しい情報
　　　　　　　　　重要度がより低い　重要度がより高い

(9)　Speaker A:　**Who** likes Mary?
　　　Speaker B:　**John**　　　　　(likes her).
　　　　　　　　　より新しい情報　　より旧い情報
　　　　　　　　　重要度がより高い　重要度がより低い

(8A) の質問は、ジョンが誰が好きかを尋ねているので、(8B) の答えの He likes は、聞き手 ((8A) の質問者) がすでに分かっている情報であり、Mary は、聞き手がまだ知らない情報です。このように、聞き手が分かっていたり、あるいは文脈から予測できる情報は、「旧情報」(old/given information)、または「より旧い情報」(older information) と呼ばれ、逆に、聞き手が知らなかったり、文脈から予測できない情報は、「新情報」(new information)、または「より新しい情報」(newer information) と呼ばれます。(8B) は、別の言い方をすれば、He likes は聞き手にとって、Mary より「重要度がより低い情報」(less important information)、逆に、Mary は He likes より、「重要度がより高い情報」(more important information) と呼ぶことができます。(8A) の話し手にとって、(8B) の答えで重要なのは、Mary だけですから、より旧くて重要度の低い情報の He likes の部分は、仮に聞こえなかったとしても、何の支障もありません。(8B) に示したように、話し手 (B) が He likes を省略して、単に Mary と答えることができるのは、この理由によります。一方、(9A) の質問は、誰がメアリーを好きかを尋ねているので、(9B) の答えの John は、likes her より新しい情報 (重要度がより高い情報)、逆に、likes her は、John より旧い情報 (重要度がより低い情報) ということになります。このために、話し手 (B) は、likes her を省略して、単に John と答えることができます。

● 省略順序の制約

(8) と (9) の会話で、話し手は聞き手に、より新しい情報 (重要度がより高い情報) を伝え、より旧い情報 (重要度がより低い情報) は省略しても構わないことを示しましたが、これが分かる

と、本章冒頭で提示した問題は氷解します。まず、英語の（4）と（5）を以下に再録して、その省略プロセスを見てみましょう。

(4)' Speaker A:　Was he still alive **in 2000**?
　　　　　　　　「彼は 2000 年にはまだ生きていましたか。」
　　Speaker B:　Yes, he was still alive　　　**in 2000**.
　　　　　　　　より新しい情報　　　より旧い情報
　　　　　　　　　　　　　　　　　　　　↓
　　　　　　　　　　　　　　　　　　　√ φ

(5)' Speaker A:　Was he killed **in 2000**?
　　　　　　　　「彼は 2000 年に殺されたのですか。」
　　Speaker B:　Yes, he was killed　　　**in 2000**.
　　　　　　　　より旧い情報　　　より新しい情報
　　　　　　　　　　　　　　　　　　　　↓
　　　　　　　　　　　　　　　　　　　*φ

（4A）の質問は、彼が 2000 年にはまだ生きていたかどうかを尋ねています。つまり、in 2000 は、「2000 年には」と訳され、「主題副詞」（thematic adverb）（ある文が X について述べる際に、その X に相当し、旧情報を表わす副詞）として機能していることからも分かりますが、was still alive より旧い情報（重要度がより低い情報）です。よって、この要素を省略して、より新しい情報の was still alive を残すことが可能となります（【付記3】参照）。他方、（5A）の質問は、彼が殺されたのが 2000 年だったかどうかを尋ねています。つまり、in 2000 は、「2000 年に」と訳され、「焦点副詞」（focus adverb）（「焦点」とは、その文で最も新しい（重要度が最も高い）情報）として機能していることからも分かりますが、was killed より新しい情報（重要度がより高い情報）です。よって、この省略

が許されないのは、より旧い情報を残して、より新しい情報を省略しているためだと考えられます（【付記4】参照）。

　同じことが（6）についても言えます。この点を分かりやすく説明するために、（6）が、次のような先行文脈（=Speakers A_1, B_1）の後に続く会話だと考えてみましょう（話し手（A_2）の質問は、そのどの構成要素にも顕著な強調ストレスが置かれることなく発音されたものとします）。

(6)'　Speaker A_1:　　Where did you go today?
　　　Speaker B_1:　　I went to the Central Park.
　　　Speaker A_2:　　Did you go to the Central Park with your cousin?
　　　Speaker B_2:a.　Yes, I went **to the Central Park** **with my cousin**.
　　　　　　　　　　　　　　　　　より旧い情報　より新しい情報
　　　　　　　　　　　　　　　　　　　　　↓
　　　　　　　　　　　　　　　　　　　　√ φ

　　　　　　　　　　b.　Yes, I went **to the Central Park** **with my cousin**.
　　　　　　　　　　　　　　　　　より旧い情報　より新しい情報
　　　　　　　　　　　　　　　　　　　　　　　　　↓
　　　　　　　　　　　　　　　　　　　　　　　　*φ

話し手（A_2）は、話し手（B_1）が今日セントラルパークへ行ったことを聞いてすでに知っており、その上で、「あなたがセントラルパークへ行ったのは、あなたの従兄弟と一緒だったのか」と尋ねています。そのため、話し手（B_2）の答えで、to the Central Park は、with my cousin より旧い情報です。この旧い情報を省略して、より新しい情報の with my cousin を残している話し手（B_2）の答え（a）は適格ですが、この逆の省略プロセスを行なっている話し手（B_2）の答え（b）は不適格となります。

以上から、省略には次の制約があることが分かります（久野（1978: 15-16）参照）。

(10) **省略順序の制約**：省略は、より旧い（重要度がより低い）情報を表わす要素から、より新しい（重要度がより高い）情報を表わす要素へと順に行なう。すなわち、より新しい（重要度がより高い）情報を表わす要素を省略して、より旧い（重要度がより低い）情報を表わす要素を残すことはできない。

ここで、「省略順序の制約」で用いられている「旧情報・新情報」という区別は、「既知の情報・未知の情報」という区別とは、全く別の次元に属する概念であることを指摘しておきます。たとえば、Mary が、話し手（A）と話し手（B）の共通の友人であれば、Mary は「既知の情報」を表わします。他方、次のような談話を見てください。

(11) Speaker A: Who did you go to the movies with last night?
　　　Speaker B: I went ϕ with Mary.

ここで、話し手（B）の答えの Mary は、「新情報」を表わします。なぜなら、もし雑音で、話し手（A）がこの Mary の部分を聞き取ることができなかったら、それを文脈によって再現することはできないからです。

話を、(6)' の談話に戻します。ここで興味深いことに、(6)' から、話し手（A_1, B_1）の談話を取り除いても、話し手（B_2）の2つの答えの適格度に変わりはありません。

(12) ［文脈なし］

    Speaker A: Did you go to the Central Park with your cousin?
    Speaker B : a. Yes, I went ϕ with my cousin.
                b.*Yes, I went to the Central Park ϕ .

さらに興味深いことに、(12A) の質問文の to the Central Park と with your cousin の語順を入れ替えると、省略の適格性が、次に示すように逆転します。

(13) Speaker A: Did you go **with your cousin to the Central Park**?
    Speaker B_1:   Yes, I went ϕ to the Central Park.
    Speaker B_2: *Yes, I went with my cousin ϕ .

(13) の話し手 (A) の質問は、(12A) の質問とは異なり、「あなたが従兄弟と一緒に行ったのは、セントラルパークだったのか」と尋ねています。つまり、to the Central Park が、with your cousin より新しい情報として機能しています。したがって、そのより新しい情報を残して、より旧い情報の with my cousin を省略した話し手 (B_1) の答えは適格で、その逆の省略パターンである話し手 (B_2) の答えは不適格となります。この (12A) と (13A) の意味の違いはとても重要です。これは、文脈がなく、通例のイントネーションで発音される英語の文は、文末の要素が一番新しい情報 (= 重要度が最も高い情報で、その文の「焦点」(focus)) であり、文中の各要素は次の原則に従って配列されることを示しています (久野 (1978: 54) 参照)。

(14)   **旧から新への情報の流れ**：強調ストレスや形態的にマー

クされた焦点要素を含まない文中の語順は、通例、より旧い情報を表わす要素から、より新しい情報を表わす要素へと進むのを原則とする。

ここで、(14) の「旧から新への情報の流れ」が、先に観察した (4), (5) の文にも当てはまるかを考えてみましょう。(4A) と (5A) の疑問文を平叙文に直した次の文を見てください。

(15) a.　He was still alive　　　in 2000. (cf. 4A)
　　　　　より新しい情報　より旧い情報
　　　　　　　　　　　　　　主題副詞
　　b.　He was killed　　　　　in 2000. (cf. 5A)
　　　　　より旧い情報　　より新しい情報
　　　　　　　　　　　　　　焦点副詞

(15b) は、(14) の「旧から新への情報の流れ」に合致していますが、(15a) は、より新しい情報がより旧い情報の前にあり、(14) の原則に合致していません。これはなぜでしょうか。それは、(15a) の主題副詞 in 2000 が、was still alive という述部の外にある文修飾の副詞で、先行する文 He was still alive 全体を修飾していることに起因しています。一方、(15b) の焦点副詞 in 2000 は、述部 was killed を修飾する動詞句副詞です。つまり、(15a, b) の構造は次のようになっています。

(16) a. (=15a)　　　　　　　　b. (=15b)

```
        S                           S
       / \                         / \
      S   Adv                    NP   VP
     /|\   /\                    |    /\
He was still alive  in 2000      He  was killed in 2000
```

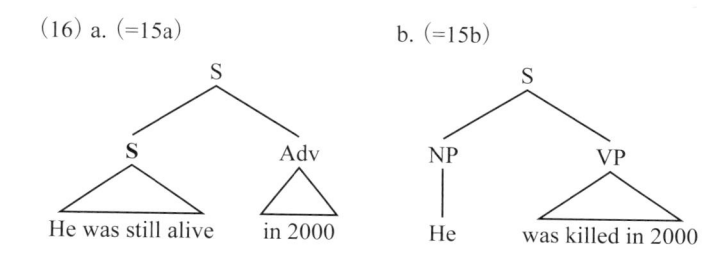

したがって、(14)の「旧から新への情報の流れ」は、単一の文(S)の中だけ((16a)だと下位のSの中だけ)で適用する原則ということになります。(そう規定すれば、英語の疑問詞疑問文、たとえば、When was he killed? で、新情報を表わす疑問詞 when が S の外に義務的に現われることも、「旧から新への情報の流れ」の反例ではなくなります。)よって、(15a)の文は一見すると、(14)の原則に合致していないように思われますが、実際には、この原則の適用の外にあるわけです。このように、時(や場所)を表わす副詞は、構文法的に常に、述部の外にある文修飾副詞(主題副詞)として機能する場合と、述部修飾の副詞(焦点副詞)として機能する場合の曖昧性を持っています。

さて、(10)の省略順序の制約は、(7a, b)(以下に再録)の適格性の違いも自動的に説明できます。

(7) a.　I'm up **at five o'clock in the morning**, and my wife is up ϕ , too.
　　　　「私は朝5時には起きていますし、家内も ϕ 起きています。」

　　 b. *I get up **at five o'clock in the morning**, and my wife gets up ϕ , too.
　　　　「*私は朝5時に起き、家内も ϕ 起きます。」

(7a)は、話し手とその妻が、朝5時にはどういう状態にあるか(まだ寝ているかもう起きているか)を述べた文であり、いつ起きているかを述べた文ではありません。したがって、at five o'clock in the morning は、「朝5時には」という主題副詞として機能していることからも分かりますが、is up より旧い情報なので、この要素を省略し、is up を残すことが可能です。他方、(7b)は、話し手とその妻が何時に起きるかを述べた文として解釈される方が、朝5時に何をするかを述べた文として解釈されるよりはるかに一般的です(言い換えれば、「あなたと奥さんは何時に起きますか」という質問をする蓋然性の方が、「あなたと奥さんは朝5時に何をしますか」という質問をする蓋然性よりはるかに高いので、このように解釈されるのが一般的です)。したがって、at five o'clock in the morning は、「朝5時に」という焦点副詞として、get up より新しい情報を表わしているので、この要素を省略し、それより旧い情報の get up を残すことは、省略順序の制約に違反して、不適格となります。

「旧から新への情報の流れ」制約の適用に関して、もうひとつ、大事な原則があります。それは、任意の文が、構文法的制約のために、この談話法的、非構文法的制約に違反しているときには、その違反に対するペナルティーがなく、その文が不適格文とはならないことです。次の文を見てください。

(17)　Speaker A:　　Can you walk to school?
　　　Speaker B_1:　Yes, I can walk to school.
　　　Speaker B_2:　Yes, I can ϕ.

話し手(A)の質問は、聞き手がどこに歩いて行けるか(学校にか、図書館にか)という質問ではありませんし、学校に歩いて行ける

か、それとも、自転車で行けるかというような質問でもありません。ですから、walk to school は、質問の焦点情報を表わしているわけではないので、話し手（B）は、($17B_2$）に示したように、それを省略できます。話し手（A）の質問の焦点は、can 、つまり「出来るか出来ないか」にあります。そうすると、($17B_1$）は、can が新情報を表わし、walk to school が旧情報を表わしていることになり、この語順は、「旧から新への情報の流れ」制約に違反していることになります。それにもかかわらず、($17B_1$）が適格文であるのは、次の原則が存在するからです（久野（1978: 39）参照）。

(18)　**談話法規則違反のペナルティー**：談話法規則の「意図的」違反に対しては、そのペナルティーとして、不適格性が生じるが、それの「非意図的」違反に対しては、ペナルティーがない。

($17B_1$）で、新情報を表わす can が旧情報を表わす walk to school よりも前に置かれているのは、話し手が意図的にそういう語順にしたからではなくて、助動詞は、動詞の前に置かれるという英語の構文法的規則に従っただけのことです。したがって、「旧から新への情報の流れ」制約違反に対しては、ペナルティーが課せられず、この文が適格となるわけです。

「談話法規則違反のペナルティー」は、($17B_1$）のように、「旧から新への情報の流れ」制約に違反していて、なおかつ適格な文を説明するためにだけ設定された規則ではありません。それが、談話法規則のすべてに適用されるべき原則であることを示すために、ここに一例をあげておきましょう。「偶然に出会う」という意味の meet は、(19a, b) に示すように、X met Y が真なら、Y met X も真なので、相互動詞（reciprocal verb）と呼ばれています。それにもかかわらず、X が話し手のときには、その相互性が失われ、X は、主語の位置に現われなければなりません。話し手が Harvard Square で偶然彼に出会ったことを述べる文として、(20a) は適格文ですが、(20b) は不適格文です。

(19) a. John met Bill in Harvard Square today.
　　 b. Bill met John in Harvard Square today.
(20) a. I met him in Harvard Square today.
　　 b. *He met me in Harvard Square today.

ところが、次の文は、不適格なはずの *he had met me を埋め込み文としているにもかかわらず、何の問題もない適格文です。

(21)　He told me that **he had met me** at Mary's party a month before.

なぜこの文が適格なのかは、彼が言ったことを直接話法で表わすと明らかになります。

(22)　直接話法：　He said to me, "I　met　you ... a month ago".
　　　　　　　　　　　　　↓　　　　↓　　　　　　　↓
　　　間接話法化：He told me that　**he had met me** ... a month before.

(21) の he had met me は、直接話法の適格表現 I met you を間接話法化すると自動的に派生する表現であって、話し手が意図的に had met の主語の位置に he，目的語の位置に me を置いたわけではありません。したがって、「談話法規則違反のペナルティー」

原則によって、この文が適格文と判断されるわけです。

● 日本語の例も同様に説明できる

　本章冒頭で示した日本語の例も、省略順序の制約により自動的に説明できます。まず、(1) と (2)（以下に再録）を見てみましょう。

(1)　話し手A：　君は、夜12時にはもう寝ていますか。
　　　話し手B：　はい、僕は　φ　もう寝ています。
(2)　話し手A：　君は、夜12時に寝るんですか。
　　　話し手B：　*はい、僕は　φ　寝るんです。

(1A) の質問は、聞き手が夜12時にはもうすでに寝ているか、それともまだ起きているかを尋ねる文ですから、「もう寝ています」の方が、「夜12時には」より新しい情報です。よって、前者を残し、後者を省略することは、省略順序の制約を満たして適格となります。一方、(2A) の質問は、聞き手が何時に寝るかについて尋ねる文ですから、「夜12時に」の方が、「寝るんです」より新しい情報です。よって、前者を省略し、後者を残すことは、省略順序の制約に違反して、不適格となります（【付記5】参照）。

　英語の例文 (17)（= A: Can you walk to school? B_1: Yes, I can walk to school.; B_2: Yes, I can φ .）で、出来るか出来ないかを表わす can が焦点情報を表わし、それが、($17B_1$) で旧情報を表わす walk to school に先行して、「旧から新への情報の流れ」制約に違反しているのに、この文が適格なのは、この文が話し手の意図的制約違反ではないからだ、という説明をし、「談話法規則違反のペナルティー」（=18）という原則を提起しました。同じ原則が、

日本語にも適用します。次の例文を見てください。

(23)　私の家では、中学3年の花子が夜11時に就寝し、高校3年の太郎が、夜12時に就寝します。

後半の文の「就寝します」は、前半の文の「就寝し」から高い確度で予測できますから、「夜12時に」より旧い情報を表わします。したがって、この2つの表現の語順は、より新しい情報がより旧い情報に先行して、「旧から新への情報の流れ」制約に違反していることになります。それにもかかわらず(23)が適格文であるのは、この順序が、「日本語の文は動詞で終わらなければならない」という構文法的規則によって強制された順序であって、話し手が意図的に作った順序ではないからです。

　ここで、お気づきでしょうが、(1)（＝話し手A：君は、夜12時にはもう寝ていますか。）の「夜12時には」は主題副詞であるのに対し、(2)（＝話し手A：君は、夜12時に寝るんですか。）の「夜12時に」は焦点副詞です。英語では、このような副詞がともに文末に現われ得るので、(16a, b)で述べたように、主題副詞が文修飾副詞として機能し、(14)の「旧から新への情報の流れ」は、単一のS内にのみ適用するという規定が必要でした。しかし日本語は、通例、主題名詞や主題副詞が文頭に現われ（(1A)では、「君は」という主題名詞句と、「12時には」という主題副詞がともに文頭に現われています）、新情報を表わす表現が「誰を、どこで、なぜ」などの疑問詞表現以外、文頭に現われることは稀ですから、文頭から文末まで「旧から新への情報の流れ」制約を適用することに問題はないように思われます。

　(3)もほぼ同様に説明できます。以下でその省略プロセスを順次見てみましょう。

(3)' 話し手A： 君は太郎君を「腰抜け」と呼んだのか。
　　　話し手B_1： うん、僕は太郎君を「腰抜け」と　呼んだ。
　　　　　　　　　　　　　より旧い情報　　　　　より新しい
　　　　　　　　　　　　　　　↓　　　　　　　　　情報
　　　　　　　　　　　　　　√φ

話し手（A）の質問は、話し手（B）が太郎君を「腰抜け」と呼んだか呼ばなかったかを尋ねています。したがって、話し手（B_1）の答えで最も新しくて重要な情報は、「呼んだ」ですから、この部分を残して、あとは省略することは、省略順序の制約にかなっています。よって、話し手（B_1）の答えは適格です。

　次に、話し手（B_2）と（B_3）の回答を見てみましょう。

(3)' 話し手B_2：うん、僕は　　太郎君を　「腰抜け」と呼んだ。
　　　　　　　　　　最も旧い情報　より旧い情報　より新しい情報
　　　　　　　　　　　↓　　　　　↓
　　　　　　　　　　√φ　　　　　√φ

　　　話し手B_3：うん、僕は　　太郎君を　「腰抜け」と呼んだ。
　　　　　　　　　　最も旧い情報　より旧い情報　より新しい情報
　　　　　　　　　　　　　　　　　　　　　　　　↓
　　　　　　　　　　　　　　　　　　　　　　　　*φ

話し手（B_1）の答えで、「呼んだ」が、「僕は太郎君を『腰抜け』と」より新しい情報であることを見ましたが、次に、後者の「僕は／太郎君を／『腰抜け』と」の3つの要素の新旧度を考えてみましょう。話し手（B）は、ここで自分が太郎君をどのように呼んだかを述べようとしているので、「僕は」が最も旧い情報で、次に「太

郎君が」が旧く、「『腰抜け』と」がより新しい情報です。したがって、省略順序の制約により、話し手（B_2）の省略は可能ですが、話し手（B_3）の省略は許されないということになります。

● 日本語の文の情報構造

　英語では単一のS内で「旧から新への情報の流れ」が適用し、文末の要素がそのS内で最も新しい情報を表わすことを先に観察しましたが、日本語の場合はどうでしょうか。まず、次の文（そのどの構成要素にも顕著な強調ストレスが置かれることなく発音されたものとします）を見てみましょう。

(24) 話し手A：　　渋谷で課長と飲んだの？
　　 話し手B_1：　うん、φ 課長と飲んだ。
　　 話し手B_2：　*うん、渋谷で φ 飲んだ。
(25) 話し手A：　　課長と渋谷で飲んだの？
　　 話し手B_1：　うん、φ 渋谷で飲んだ。
　　 話し手B_2：　*うん、課長と φ 飲んだ。

(24A)の質問は、聞き手が渋谷で（お酒を）飲んだのは、課長と一緒にだったかどうかを尋ねています。つまり、動詞の直前にある「課長と」が、それより前の「渋谷で」より新しい情報で、この文の最も新しい情報です。そのため、(24B_1)のように、「渋谷で」を省略し、「課長と」を残すことはできますが、(24B_2)のように、この逆はできません。これに対し、(25A)の質問は、「渋谷で」が動詞の直前にあるために、聞き手が課長と飲んだのは、渋谷でだったかどうかを尋ねています。つまり、「渋谷で」がこの文の最も新しい情報です。そのため、(25B_1)のように、「課長

と」を省略して、「渋谷で」を残すことはできますが、(25B₂) のように、「課長と」を残して、「渋谷で」を省略することはできません。(なお、(24)、(25) では、主語の「君は／僕は」が省略されていますが、それは、それぞれの文の主題であり、最も旧い (重要度が最も低い) 情報なので、(10) の「省略順序の制約」に合致しています。)

(24) と (25) の例は、日本語は「動詞文末言語」なので、動詞が旧情報の場合は、その直前の要素が最も新しい情報を表わすということを示しています。これを次のようにまとめておきましょう (久野 (1978: 60) 参照)。

(26) **日本語の文の情報構造**：日本語は、通例、動詞の位置が文末に固定されているので、動詞が旧情報 (より旧い情報) を表わす場合は、その直前の要素が文中で最も新しい情報を表わす。

つまり、(26) の日本語の文の情報構造は、「旧から新への情報の流れ」が、動詞が旧情報の場合、その前でストップし、動詞直前の要素が最も新しい情報を表わすことになりますが、日本語では、構文法的に動詞が文末に現われるため、話し手はその動詞を構文法的規則に従って文末に置いているだけで、話し手の意図的な操作ではありません。したがって、この情報の流れは、談話法規則違反のペナルティーを受けません。よって (26) の記述は、「旧から新への情報の流れ」制約と「談話法規則違反のペナルティー」原則の相互作用から派生するものです。

以上から、(24) や (25)、および本章冒頭で見た (2A, B) のような文は、(26) の情報構造に従っており、一方、(1A, B) や (3) の文は、(14) の情報構造に従っていることが分かります。この

点を次のように図示しておきましょう。

(27) a.　(2A, B), (24), (25)　　　　b.　(1A, B), (3)
　　　例：僕は夜 12 時に　　　　　　例：僕は夜 12 時にはもう
　　　　　寝るんです。　　　　　　　　　寝ています。
　　　[s 主語 .... 動詞]　　　　　　[s 主語 .... 動詞]
　　　　――――――――→　　　　　　――――――――→
　　　　　より新しい情報　　　　　　　　　より新しい情報

● 日本語の基本語順と「談話法規則違反のペナルティー」

(27a) と (27b) の文パターンは、次のような例にも見られます。

(28) a.　花子は東大を卒業し、京子も東大を卒業した。
　　 b.??花子は東大を卒業し、京子も　φ　卒業した。
(29) a.　花子は東大を卒業し、京子は東大を中退した。
　　 b.　花子は東大を卒業し、京子は　φ　中退した。

(28b), (29b) の第 2 文では、(28a), (29a) の動詞直前の目的語「東大を」がともに省略されていますが、(28b) は不自然なのに対し、(29b) はまったく問題のない適格文です。この違いは次の理由によります。(28a) では、花子と京子がそれぞれどの大学を卒業したかを述べようとしており、そのため、動詞直前の「東大を」が「卒業した」より新しい情報です。それにもかかわらず、より新しい情報の「東大を」を省略しているため、(10) の省略順序の制約に違反しています。一方 (29a) では、動詞「卒業した」と「中退した」が対比されていることから分かりますが、花子と京子が東大をそれぞれどうしたのかを述べているため、動詞の方が「東

大を」より新しい情報です。したがって、より旧い「東大を」の省略は、(10) の制約に違反せず、適格となります。

ここで、さらに次の2文を考えてみましょう。

(30) a. *花子は東大を去年卒業し、京子は京大を φ 卒業した。
　　 b. 花子は去年東大を卒業し、京子は今年　φ　卒業した。

(26) の「日本語の文の情報構造」によれば、動詞が旧情報を表わす場合は、その直前の要素が文中で最も新しい情報を表わすので、それを省略した (30a) が不適格であることは容易に説明できます。しかし、同じように動詞直前の要素を省略した (30b) は適格ですから、これは一体どのように説明されるのでしょうか。

これは、日本語の基本語順が次の (31) のようになっており、(30a) では、話し手が意図的に「去年」を動詞直前に移しているのに対し、(30b) では、話し手がそのような意図的操作を行なわず、日本語の基本語順に則って各要素を配列していることが原因だと考えられます。

(31)　　**日本語の基本語順**：
　　　　[$_S$ 主語 + 副詞$_1$ + ⋯ + 副詞$_n$ + 目的語 + 動詞]

(30a) では、話し手が (26) の「日本語の文の情報構造」に合わせて、「去年」を「卒業した」の直前に移し、この要素が文中で最も新しい情報であるとマークしています。それにもかかわらず、その要素を省略しているので、(30a) は省略順序の制約に違反して不適格となります。一方、(30b) では、話し手が「東大を」を動詞直前に意図的に配置したわけではなく、「卒業した」の必

須要素として、基本語順に従ってこの位置に自動的に置いたに過ぎません。そのため、「東大を」は動詞直前の要素であっても、構文法上予期される位置にあるので、「今年」より必ずしも新しい情報であるとは解釈されません。よって、「東大を」の省略が可能となります。

　私たちは前節で、動詞が旧情報を表わしていても、日本語では動詞が文末に現われるため、話し手がその位置を意図的に操作したわけではないので、談話法規則違反のペナルティーがないことを説明しました。(30b)でも同様のことが言えます。つまり、(30b)のように、情報の流れの原則に違反して、目的語が動詞直前に現われても、それは日本語の基本語順であり、話し手が意図的に操作したことではありません。よってペナルティーがなく、その要素を(10)の省略順序の制約に従って省略することができます。一方(30a)のように、話し手が基本語順を変更し、情報の流れの原則に従って副詞の「去年」を焦点情報であるとマークしておきながら、その要素を省略することは、(10)の省略順序の制約に対する意図的違反となります。よってペナルティーが生じ、(30a)の省略は不適格となります。

● 結び

　本章では、英語と日本語の省略について考察し、省略は、先行文脈ですでに分かっている要素なら常にできるというわけではなく、分かっている要素でも、省略できない場合が多くあることを観察しました。そして、適格文と不適格文を対比することにより、省略は次の制約に沿って行なわれることを明らかにしました。

　(10)　**省略順序の制約**：省略は、より旧い（重要度がより低い）

情報を表わす要素から、より新しい（重要度がより高い）情報を表わす要素へと順に行なう。すなわち、より新しい（重要度がより高い）情報を表わす要素を省略して、より旧い（重要度がより低い）情報を表わす要素を残すことはできない。

　また、英語（や他の多くの言語）の文は、次の「旧から新への情報の流れ」に沿って各要素が一般に配列されることを示し、(10)のような談話法的制約は、構文法的制約のために違反しているときには、その違反に対するペナルティーがなく、当該の文が不適格とはならないことを示して、(18)（以下に再録）の原則があることを述べました。

(14)　**旧から新への情報の流れ**：強調ストレスや形態的にマークされた焦点要素を含まない文中の語順は、通例、より旧い情報を表わす要素から、より新しい情報を表わす要素へと進むのを原則とする。
(18)　**談話法規則違反のペナルティー**：談話法規則の「意図的」違反に対しては、そのペナルティーとして、不適格性が生じるが、それの「非意図的」違反に対しては、ペナルティーがない。

　次に、日本語の文の情報構造は(26)（以下に再録）のようになっており、これは、(14)の「旧から新への情報の流れ」制約と(18)の「談話法規則違反のペナルティー」原則の相互作用によって派生することを述べました。

(26)　**日本語の文の情報構造**：日本語は、通例、動詞の位置

が文末に固定されているので、動詞が旧情報（より旧い情報）を表わす場合は、その直前の要素が文中で最も新しい情報を表わす。

そして、日本語の省略現象も（10）の省略順序の制約により説明できることを明らかにし、日本語の基本語順は次のようになっていることを示しました。

(31)　**日本語の基本語順：**
　　　[$_S$ 主語 ＋ 副詞$_1$ ＋ … ＋ 副詞$_n$ ＋ 目的語 ＋ 動詞]

この基本語順を話し手が意図的に操作して、省略順序の制約に違反する省略を行なうと不適格文（たとえば (30a)）が生じますが、この基本語順を遵守した上で、省略順序の制約に違反した省略を行なっても、談話法規則違反のペナルティーがなく、適格文（たとえば (30b)）が生じることを示しました。

3種類の if 節

第5章

● 同じ if 節か？

If 節を含む次の3つの文を見てみましょう。

(1) a. The game will be canceled **if it rains tomorrow**.
「明日雨が降れば、その試合は中止になります。」
b. You should study all night, **if you have exams tomorrow**.
「明日試験があるのなら、君は徹夜で勉強すべきだ。」
c. There's some iced tea in the fridge **if you'd care for a cold drink**.
「冷たい飲み物が欲しければ、冷蔵庫にアイスティーが入っています。」

日本語訳から考えると、(1a-c) の if 節は、「(もし)…なら」という意味を表わす条件節で、いずれも同じ種類のもののように思われるかもしれません。実際、多くの辞書や参考書には、if 節は、「もし…ならば」という条件・仮定を表わすと書かれています。しかし本章では、(1a-c) の if 節が、それぞれ異なる意味や機能を持っており、また構造も違っていることを示して、if 節には3つのタイプがあることを指摘したいと思います。

● 因果関係を示す if 節

If 節で典型的なタイプは、(1a) を含む次のような文です。

(2) a. **If you have an ID card**, you are allowed to enter the library.
  b. The game will be canceled **if it rains tomorrow**. (=1a)
  c. John would be a more likable person **if he changed his attitudes**.
  d. **If you had told her the news**, she would have got angry.

(2a-d) はどれも、「もし p ならば q」('if p, then q') という因果関係 (原因と結果) を表わす文です。つまり、p (if 節が表わす意味内容) が起こることが、q (主節が表わす意味内容) が起こることの必要条件になっています。たとえば (2a) では、あなたが身分証明書を持っていれば、図書館に入ることができます。したがって、「もし p でなければ q でない」('if not p, then not q') ということが推測され、あなたが身分証明書を持っていなければ、図書館に入ることができないということになります (【付記1】参照)。

(2a-d) の文を見てすぐに気がつく違いは、動詞や助動詞の形です。(2a) は、主節も if 節も動詞が現在形で、この文は現在時に真である論理的因果関係を表わし、if 節は、時間を超越した条件を表わします (【付記2】参照)。つまり、(2a) のここで問題としている解釈では、「あなたが今日、あるいは明日、身分証明書を持っているなら」というような具体的な出来事や状態を表わす解釈はありません。そのため、if は when や whenever で置き換えられます。したがって (2a) は、「あなたが身分証明書を持っ

ているとき(はいつでも)、図書館に入ることができる」という意味になります。一方、(2b) の if 節は、未来に起きるか起きないか分からない、具体的行為、出来事、状態を表わします。つまり、この if 節が表わす条件は、if 節の真偽の可能性がどちらにも開かれていると言う意味で、「開放(open)条件」と呼ばれ、p(明日雨が降る)は起こるかもしれないし、起こらないかもしれません。

(2c) は、みなさんもよくご存知のように、「仮定法過去」と呼ばれ、if 節が表わす条件は、現在・未来の出来事あるいは状態についての「仮定的(hypothetical)条件」です。つまり、話し手は、p(彼が自分の態度を変えること)はおそらく起こらないだろうと考えています。(2d) は「仮定法過去完了」で、if 節が表わす条件は、過去の出来事あるいは状態についての「反事実的(counterfactual)条件」です。つまり、p(聞き手がその知らせを彼女に言うこと)が実際には起こらなかったわけです。

● 理由・根拠を示す if 節

ふたつ目の if 節は、(1b) を含む次のような文です。

(3) a. You should study all night, **if you have exams tomorrow**. (=1b)
   b. **If the lava will come down as far as this**, we must evacuate these houses immediately.(Close 1975: 256)
   c. **If she won't be here before midnight**, there's no need to rush.(Quirk et al. 1985: 1009)
   d. Why did you cut down the tree, **if you knew that it was a cherry tree**?

(3a-d)の条件節は、開放（open）条件ではなく、「閉鎖（closed）条件」で、話し手は、その条件が過去において実際に起こったり、未来において起こるということを知っていたり、想定しています。(3a)で、聞き手が明日試験があるというのは、話し手も聞き手ももう知っている事実です。同様に(3b)でも、話し手は溶岩がここまで到達すると想定しています。そしてそれを根拠として、人々を直ちに避難させなければならないと述べています。(3c)も同様で、話し手は彼女がここに夜中までには来ないと想定し、だから急ぐ必要はないと言っています。さらに(3d)では、話し手は、聞き手がその木が桜の木だったということを知っていたと考えています。そしてそれを根拠にして、それなのにどうしてその木を切り倒したのかと聞き手に問いただしています。したがって、(3a-d)の if 節は、真の条件を表わしているのではなく、むしろ、話し手が主節を述べる際の理由・根拠を表わしています。よって if の意味は、理由を表わす since や as に極めて近いということになります。そして、(3a-d)の if 節は、(2a-d)の if 節と異なり、既知の情報（＝話し手と聞き手がすでに知っている情報）を表わしています【付記3】参照）。

ここで、(3b, c)の if 節には、will や won't が使われていることに注意してください。学校文法では、たとえ未来のことであっても、条件節の中では will のような未来表現は使えず、代わりに現在形を使うと教わります。しかし、Quirk et al.（1985: 1008-1009）で解説されているように、理由・根拠を示す if 節が、未来の状況が起こる（起こらない）ことを現在の時点で予測する場合には、次のように if 節で will や won't が用いられます。

(4)　If the game **won't be finished** until ten, I'll spend the night at your place.

['If the game is not going to be finished until ten']
（Quirk et al. 1985: 1009）

（3b, c）が（4）と共通していることは、もうお分かりでしょう。（3b, c）の場合と同様に、（4）では、話し手は試合が10時までには終わらないだろうと現在の時点で予測しており、それが理由で、今晩は聞き手の所に泊まると述べています。したがって、（4）の if 節も「理由・根拠を示す if 節」です（【付記4】参照）。

● 発話の動機づけを示す if 節

3番目のタイプの if 節は、（1c）を含む次のような文です。

(5) a. **If you ask me**, she is jealous of her sister's marriage.
  b. **If I remember correctly**, they got married in 1999.
  c. **If you are so clever**, what's the answer?（Quirk et al. 1985: 1073）
  d. There's some iced tea in the fridge **if you'd care for a cold drink**.（=1c）

（5a-d）の if 節は、条件を導入しているのではなく、話し手が主節を述べるための動機づけの働きをしています。言い換えれば、話し手が主節の意味内容を述べる際のためらいや確信のなさ、表現の婉曲性、丁寧さなどの効果を導く「垣根ことば」（hedges）として機能しています（「垣根ことば」については、久野・高見（2013）『謎解きの英文法―時の表現』（コラム2）を参照ください）。すなわち、これらの if 節は、主節を修飾するのではなく、話し手が行なう主節の発話行為、つまり「遂行節」（performative clause) を修飾しています。したがって、(5a-d) の論理構造（意味構造）は、'if p, then q' ではなく、'if p, I TELL YOU THAT q' ということになります。その点で、たとえば (5a) は、正確には省略があり、その省略部分を補って言い換えると、'If you ask me, I ANSWER YOU THAT she is jealous of her sister's marriage.' となります。また、(5c) だと、'If you are so clever, I ASK YOU what the answer is.' と言い換えられます。このような if 節を Quirk et al. (1985) は「スタイル離接詞」(style disjuncts) と呼び、Haegeman (1984a) は、「発話行為条件節」(speech-act conditionals)、または「語用論的条件節」(pragmatic conditionals) と呼んでいます（【付記5】参照）。

　以上で3つのタイプの if 節を示しましたが、これら3つのタイプの if 節は、韻律 (prosody) の点でも異なっています。(2a-d) の因果関係を示す if 節は、それが修飾する主節（の動詞）と密接に結びついており、主節に全面的に依存しているので、(2a-d) のような文は、比較的短くて単純な場合、ひとつのトーン・ユニットを形成し、一息で発話されます。一方、(3a-d) の理由・根拠を示す if 節と (5a-d) の発話の動機づけを示す if 節は、主節（の動詞）との結びつきが (2a-d) の if 節より緩やかで（もちろん、(3a-d) の if 節の方が (5a-d) の if 節より主節（の動詞）とより密接な関係にあります）、主節と if 節は別々のトーン・ユニットを形成しています。そのため、書き言葉では、主節と if 節の間にコンマ（やセミコロン）が挿入されやすくなります。

● 3種類の if 節の順序

　上で3種類の if 節の意味的特徴を概略しましたが、これらの if 節は、本当にそれぞれが異なる種類の if 節なのか、次に統語的

なテストを用いて調べてみたいと思います。たとえば、次の例が示すように、動詞句を修飾する副詞句（on the cheek）と文全体を修飾する副詞句（on the platform）がひとつの文で共起する場合、前者が後者より先に現われ、その順序を逆にすると不適格になります。

(6) a. She kissed her mother **on the cheek on the platform**.
　　b. ?*She kissed her mother **on the platform on the cheek**.

(Quirk et al. 1985: 512)

(6a, b) では、彼女が母親のどこにキスをしたか（on the cheek）の方が、どこで母親にキスをしたか（on the platform）より、キスをしたという行為と密接な関係にあります。したがって、動詞に意味的により密接に結びついている副詞句の方が、動詞により近い位置に現われます。

　この点を踏まえて次の例を見てみましょう。以下では、上で述べた因果関係を示す if 節をタイプ（A）、理由・根拠を示す if 節をタイプ（B）、発話の動機づけを示す if 節をタイプ（C）とします。

(7) a. You should meet her **if she comes tomorrow**, **if you love**
　　　　　　　　　　　　　　　　(A)　　　　　　　　(B)
　　her so much.
　　b. *You should meet her, **if you love her so much**, **if she comes**
　　　　　　　　　　　　　　　　(B)　　　　　　　　　　(A)
　　tomorrow.
(8) a. I'll come tomorrow **if I'm free**, **if that will suit you**.
　　　　　　　　　　　　　　(A)　　　　(C)

    b. *I'll come tomorrow, **if that will suit you**, **if I'm free**.
                                  （C）   （A）

(9) a. You should write to her, **if you love her so much**, **if it'll**
                                   （B）   （C）

       make you feel any better.

    b. *You should write to her, **if it'll make you feel any better**,
                                      （C）

       if you love her so much.
       （B）

(7a)，(8a)，(9a) は適格ですが、そこでの if 節の順序を逆にした (7b)，(8b)，(9b) は不適格です。したがって、これらの診断テストから、タイプ（A）if 節は、タイプ（B）if 節より、そしてタイプ（B）if 節はタイプ（C）if 節より、主節の動詞により密接に関係しており、主節の動詞に対して中心的な意味関係を担っていると言えます。

　さらに先ほどの (6a) の例文で考察した on the cheek と on the platform は動詞に対する意味関係が異なるため、両者を and で結ぶことはできません。

(10)   *She kissed her mother **on the cheek** and **on the platform**.
      （cf. She kissed her mother **on the cheek** and **on the forehead**.）
      （cf. She kissed her mother **on the platform** and **on the bridge**.）

同様に、適格な (7a)，(8a)，(9a) でも、2つの if 節は主節に対する意味関係が異なるため、両者を and で結ぶことはできませ

ん。

(11) a. *You should meet her **if she comes tomorrow** and **if you**
　　　　　　　　　　　　　　　(A)　　　　　　　　　(B)
　　love her so much.

b. *I'll come tomorrow **if I'm free** and **if that will suit you**.
　　　　　　　　　　　(A)　　　　　(C)

c. *You should write to her, **if you love her so much** and **if it'll**
　　　　　　　　　　　　　(B)　　　　　　　　　　(C)
　　make you feel any better.

(11a-c)が不適格なことから、これらのif節は互いに異なり、if節には3つのタイプがあることが分かります。

(11a-c)とは異なり、同じタイプのif節をandで結ぶことは問題がなく、次の文はいずれも適格です。

(12) a.　Janet will come to the party **if she finishes her work early**
　　　　　　　　　　　　　　　　　　　　　(A)
　　and **if you come, too**.
　　　　(A)

b.　There's no need to rush, **if she won't be here before mid-**
　　　　　　　　　　　　　(B)
　　night and **if you have no work tomorrow**.
　　　　　　　(B)

c.　**If you don't mind my saying so** and **if I may be frank**
　　(C)　　　　　　　　　　　　　　(C)
　　with you, you seem to be too boastful.
　　「言ってもお気を悪くされなければいいのですが、そ

して率直に言わせてもらってよければ、あなたは自慢し過ぎのように思えます。」

● タイプ（A）if 節とタイプ（B, C）if 節の違い

本節では、主節の動詞を修飾して、その文の焦点要素（新情報）となるタイプ（A）if 節と、主節や遂行節を修飾して、その文の焦点要素とはならないタイプ（B, C）if 節の違いを、4つの診断テストを用いて示したいと思います。

ただ、その前に、because 節と since 節の違いが以下の議論と関係していますので、この点を簡単に見ておきましょう。まず、次の2文の意味は同じでしょうか。

(13) a.　I didn't go to the clinic **because** I had a fever.
　　 b.　I didn't go to the clinic **since** I had a fever.

Because と since はどちらも理由を表わす接続詞です。そのため (13a, b) はともに、「私は熱があったので、クリニックに行かなかった」（否定辞 not が go (to the clinic) を否定）という意味だ

と思われるかもしれません。Since 節の (13b) は、確かにこの意味しかありませんが、実は、because 節の (13a) には、この意味に加え、「私がクリニックに行ったのは、熱があったからではな かった (喉が痛かったからだ)」(否定辞 not が because 節を否定) という別の意味もあります。否定辞 not の作用が及ぶ領域を「否定の作用域」(scope of negation) と言い、実際に否定される要素を「否定の焦点」(focus of negation) と言います。そして、(13a) は次に示すように、

(ⅰ) because 節が否定の作用域内にあって、否定の焦点となる構造 (= (14a)) と、
(ⅱ) because 節が否定の作用域から外れ、否定の焦点とはならない構造 (= (14b)、since 節と同じ構造)、

の2つを持っているために、このような2つの意味が生じることになります (構造は簡略化して表示します)。

(14) a. not が because 節を否定

```
              S
             / \
           NP   VP
           |   /  \
           I  Aux  VP
              |   /  \
           didn't VP   ADVP
                  |     |
            go to the clinic  because I had a fever
```

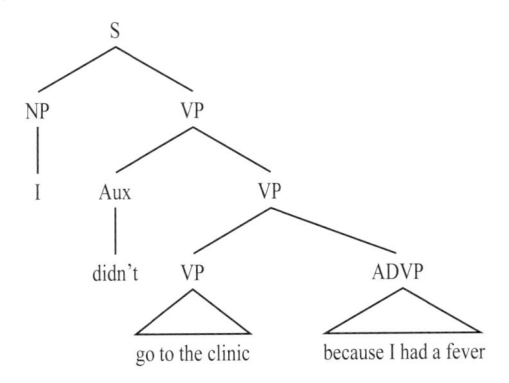

b. not が go to the clinic を否定

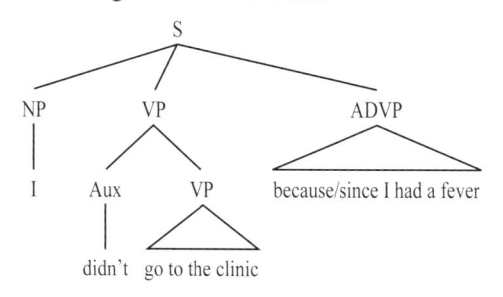

```
                    S
         ┌──────────┼──────────┐
        NP         VP         ADVP
         │     ┌────┴────┐        
         I    Aux        VP    because/since I had a fever
              │       ┌──┴──┐
            didn't   go to the clinic
```

つまり、(13a) の because 節は、(14a) の構造の場合は、「動詞句副詞節」(「動詞句副詞」は、動詞句 (VP) に付加される副詞) として機能し、(14b) の構造の場合は、since 節と同様に、「文副詞節」(「文副詞」は、文 (S) に付加される副詞) として機能していることになります (【付記6】参照)。

(13a) の because 節が、動詞句副詞節として機能する場合に、否定の焦点となるのは、次の (15a) の動詞句副詞 politely が否定の焦点となるのと同様です。

(15) a. John didn't answer the question **politely**.
　　 b. John didn't answer the question, **probably**.

(15a) は、ジョンが質問に答えたものの、その答え方が丁寧ではなかったと述べています。一方、(13a) の because 節が文副詞節として機能する場合や、(13b) の since 節が否定の焦点とならないのは、(15b) の文副詞 probably が否定の焦点とはならないのと同様です。(15b) は、ジョンは多分、質問に答えなかったという意味で、probably は否定の作用域に入っていません。

　Since 節が文副詞節の機能しか持っていないのに対して、because 節が文副詞節の機能だけでなく、動詞句副詞節の機能も持っているという違いから、さらに次に示すように、

(i) because 節は強調構文(分裂文)の強調(焦点)要素になるが、since 節はならない、
(ii) because 節は「疑問の焦点」になるが、since 節はならない、
(iii) because 節は Why 疑問文の答えになるが、since 節はならない、

等の違いが生じます。(16a), (17a), (18a) の because 節はすべて、動詞句副詞節です。(16b), (17b), (18b) が不適格なのは、since 節に動詞句副詞節用法がないからです。

(16) a. It is **because** he is helpful that I like him.
   b. *It is **since** he is helpful that I like him.
(17) a. Do you like him **because** he is helpful or **because** he is generous?
   b. *Do you like him **since** he is helpful or **since** he is generous?
(18) a. Why do you like him? – **Because** he is helpful.
   b. *Why do you like him? – **Since** he is helpful.

以上のような違いから、Quirk et al.(1985: 1070-1071)は、動詞句副詞節の because 節を「付加詞」(adjunct)、since 節を「離接詞」(disjunct) と呼んで区別しています。

これで、主節の動詞を修飾して、その文の焦点要素(新情報)となるタイプ(A)if 節と、主節や遂行節を修飾して、その文の焦点要素とはならないタイプ(B, C)if 節の違いについての、4つの診断テストを導入する用意が整いました。<u>ひとつ目のテスト</u>は、only, just, simply, even のような「焦点化副詞」に関するもの

です。一般に動詞句副詞（および動詞句副詞句、動詞句副詞節）は、「焦点化副詞」で修飾されますが、文副詞（および文副詞句、文副詞節）はそのようなことができません。

(19) a. John left for London {**only yesterday** / ***only certainly**}.
   b. Mary left for home {**only because** / ***only since**} **she was short of money**.

同様に、タイプ（A）if 節は、次に示すように、only を伴うことができますが、タイプ（B, C）if 節は、only とは共起しません。

(20) a. I'll tell you the truth, **only if you come to the court house**. （A）
   b. *You should invite her to the party, **only if you love her so much**. （B）
   c. *Jennifer is far too considerate, **only if I may be frank with you**. （C）

上記の点と関連していますが、ふたつ目として、動詞句副詞は、強調構文（分裂文）の強調要素の位置に置かれたり、文の焦点要素として対比的に用いられたり、疑問の焦点になったりしますが、文副詞はそうすることができません。

(21) a. It was {**slowly** / ***surprisingly**} that he opened the door.
   b. John walked down the slope **slowly, not quickly**.
   c. *John walked down the slope, **surprisingly, not fortunately**.
(22) a. It is {**because** / ***since**} she is kind that he likes her.
     (cf. 16a, b)

b. Does he like her **because she is kind or because she is rich**?

c. *Does he like her **since she is kind or since she is rich**?
(cf. 17a, b)

同様に、タイプ（A）if 節は、次に示すように、強調構文（分裂文）の強調要素の位置に置かれたり、文の焦点要素として対比的に用いられたり、疑問の焦点になったりしますが、タイプ（B, C）if 節はそうすることができません。

(23) a. **It is if you have an ID card** that you are allowed to enter the library. （A）

b. Does he get dizzy **if he drinks too much or if he smokes too much**? （A）

c. The field trip will be canceled **if it rains, but not if it snows**. （A）

(24) a. *David must have seen the painting, **if he was in Paris, and not if he is an artist**. （B）

b. ***It is if I remember correctly** that I saw the movie more than 6 times. （C）

c. *Are you and Susan just good friends, **if I may be personal or if I may be frank**? （C）

<u>3つ目</u>として、動詞句副詞は、Wh 疑問文の答えとなりますが、文副詞はなりません（(18a, b) も参照）。

(25) A: How did Nancy drive the car yesterday?

B_1: **Carefully / With great care**.

B₂: ***Certainly** / ***Honestly**.

このテストを3つの if 節に適用すると、次のように、タイプ（A）if 節のみ、Wh 疑問文の答えとして機能します。

(26) A: {Under what conditions / When} will he get a better job?
　　 B: **If he gets a Ph. D**.（A）
(27) A: {When / Under what conditions} should I listen to Beethoven?
　　 B: ??**If you like him so much**.（B）
(28) A: {When / Under what conditions} is there iced tea in the fridge?
　　 B: ***If you'd care for a cold drink**.（C）

したがって、タイプ（A）if 節は、文の焦点要素として機能し、動詞句副詞と同様の働きをしていることが分かります。他方、(27B) が極めて不自然であることと、(28B) が不適格であることは、タイプ（B）、タイプ（C）の if 節が文の焦点要素としての機能を持たず、文副詞として機能していることを示しています。

<u>4つ目</u>として、動詞句削除（VP-Deletion）のテストを3つのタイプの if 節に適用してみましょう。

(29) a. Children will get well soon **if they take this medicine**, and adults will get well soon **if they take this medicine**, too.（A）
　　 b. Children will get well soon **if they take this medicine**, and adults will ϕ , too.
　　　 （ϕ = get well soon if they take this medicine）
(30) a. John must have known the secret, **if he was there**, and Peter

must have known the secret, **if he was there**, too.（B）
b. John must have known the secret, **if he was there**, and Peter must have ϕ , too.

($*\phi$ = known the secret, if he was there)

(31) a. Mary got married last month, **if you ask me**, and Susan got married last month, **if you ask me**, too.（C）
b. Mary got married last month, **if you ask me**, and Susan did ϕ , too.

($*\phi$ = get married last month, if you ask me)

(29b)では、will の後の削除された部分に、if 節も含まれていると解釈されますが、(30b)や(31b)では、if 節は含まれていないと解釈されます。したがって、タイプ(A) if 節は、動詞句内の要素であるのに対し、タイプ(B, C) if 節は、動詞句の外に位置する要素であることになります。

● タイプ（A, B）if 節とタイプ（C）if 節の違い

　本節では、主節の意味内容との結びつきが強いタイプ（A, B）if 節と主節の意味内容を述べる際の話し手の発話の動機づけを表わすタイプ（C）if 節の違いを、2つの診断テストを用いて示したいと思います。そして、両者の if 節の修飾する部分が異なることを明らかにして、これらの if 節の構造の違いを明らかにします。

　まず第1のテストとして、John のような名前を主節と if 節の両方で用いることができるか、あるいは片方を he のような代名詞にしなければならないかに関して、3つの if 節で次のような違いが見られます。

(32) a. ***John** will be permitted to enter the hall if **John** asks them politely. (A)
   b. ??Why did **John** cut down the tree, if **John** knew that it was a cherry tree? (B)
   c. **John** was in the party last night, if **John** is in fact your boyfriend. (C)

タイプ（A）if 節が用いられた（32a）は、同一人物を指す John を繰り返し用いることができず、if 節の John を代名詞の he にしなければなりません。タイプ（B）if 節が用いられた（32b）は、(32a)よりは適格性が上がるものの、それでもかなり不自然だと判断されます。それに対して、タイプ（C）if 節が用いられた（32c）は、John を繰り返しても適格と判断されます。この違いはどうしてでしょうか。

（32a-c）の適格性の違いは、次のような構造の違いから説明できます。

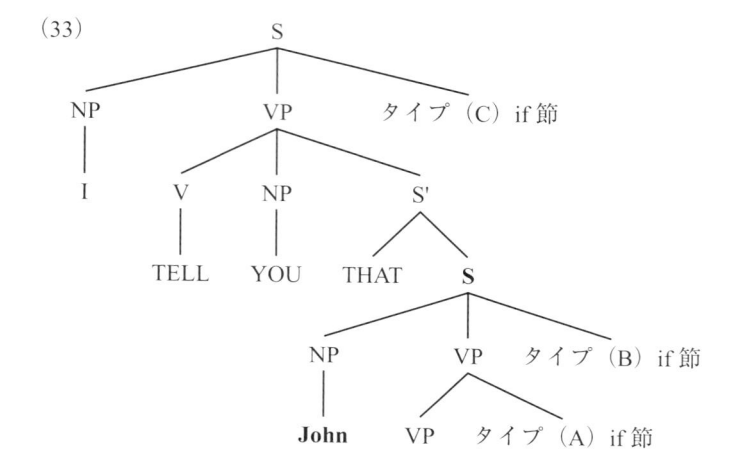

(33)
```
                    S
        ┌───────────┼──────────────┐
       NP          VP          タイプ（C）if 節
        │     ┌─────┼─────┐
        I     V    NP    S'
             │    │    ┌──┴──┐
           TELL  YOU  THAT   S
                          ┌──┴──────────┐
                         NP             VP   タイプ（B）if 節
                          │         ┌────┴────┐
                        John       VP   タイプ（A）if 節
```

生成文法理論と呼ばれる文法理論では、簡単に言うと、(33) のような樹形図で、主節の主語が John の場合、その John と同じ S 内にもうひとつの John がある場合は、John の二重使用が許されないと言われています。したがって、(32a, b) のタイプ (A, B) if 節は、(33) に示すように、John と同じ主節の S（太字で示した方の S）内にあるので、不適格となります。一方、(32c) のタイプ (C) if 節は、主節の S 内にはないので適格となります。

上記の構造の違いは、意味的に言い換えると、Bolinger (1979) が指摘しているように、副詞節が主節に対して、より周辺的で希薄な (loose) 意味関係にあればあるほど、John のような名前 (full NP) の繰り返しが許されるということになります。したがって、(32a-c) のような適格性の段階的違いが生じるものと考えられます。

<u>第2のテスト</u>として、if 節が主節に先行する場合、タイプ (A, B) if 節は、主節の先頭に then を伴うことができますが、タイプ (C) if 節はそれができません。

(34) a. **If you have finished your work, then** please come and see me. (A)
  b. **If he won't arrive before nine, then** there's no point in ordering dinner for him. (B) (cf. Quirk et al. 1972: 781)
  c. ***If I may change the subject, then** I visited one of my friends in Boston last month. (C)

(34a, b) は、「もし〜なら、それでは〜」(if p, then q) の形をとっており、これらの文は、(33) の樹形図で、太字で示した S（下位の S）としてその構造を示すことができます。つまり、if 節と then を伴う主節が、太字で示した S の構成要素です。よって、こ

れらの文は適格となります。一方、(34c) の if 節（if I may change the subject）は、(33) の樹形図で示したように、I TELL YOU THAT... を修飾する、上位の S の構成要素です。それなのに、(34c) の主節の then 以下は、下位の S の要素であるため、if 節と then 節が構造上食い違っており、意味の不整合が生じて不適格であると説明できます。

● まとめ

本章では、if 節が 3 種類に分けられ、それぞれが、主節に対して異なる意味関係を持っており、構造も異なっていることを示しました。そして、これら 3 種類の if 節のうち、ふたつが共起する場合は、その順序関係が一定していることを観察し、タイプ (A) if 節とタイプ (B, C) if 節の統語的な違いを 4 つ、タイプ (A, B) if 節とタイプ (C) if 節の統語的な違いをふたつ、示しました。この点をまとめると、次のようになります。

(35)

	(A)	(B)	(C)
only 等による修飾	OK	*	*
焦点化	OK	*	*
Wh 疑問文の答え	OK	??	*
VP 削除	OK	*	*
John 等の二重使用	*	??	OK
then の挿入	OK	OK	*

以上の観察から、if 節は決して一様ではなく、意味的にも統語的にも 3 つのタイプがあることが明らかになりました（【付記 7】、

【付記 8】参照)。

● 結び

　本章では、様々なテストを通して、if 節には 3 つの異なるタイプがあることを説明しましたが、同じような区別は、他のいくつかの副詞節にも当てはまると思われます。たとえば、次の since 節と while 節を見てください。

(36) a.　I have known her **since I met her in college**.
　　 b.　I could hardly understand him **since he spoke so rapidly**.
　　 c.　**Since you don't seem to know**, all further negotiations have been suspended.（Quirk et al. 1985: 1073）
(37) a.　Make hay **while the sun shines**.
　　 b.　My wife likes reading autobiographies, **while I prefer detective stories**.
　　 c.　**While we're on the subject**, why didn't you send your children to a public school?（Quirk et al. 1985: 1073）

(36a-c) は、いずれも since 節を含んでいますが、(36a) の since 節はタイプ (A) if 節と、(36b) の since 節はタイプ (B) if 節と共通しているように思われます。そして (36c) は、Since you don't seem to know, I TELL YOU THAT all further negotiations have been suspended. と言い換えられますから、この since 節はタイプ (C) if 節と共通していると考えられます。同様に (37a) の while 節はタイプ (A) if 節と、(37b) の while 節はタイプ (B) if 節と対応しています。そして (37c) は、While we're on the subject, I ASK YOU why you didn't send your children to a public school. と言

い換えられますから、このwhile節はタイプ（C）if節と共通していると考えられます。

　本章で考察した3種類のif節は、日本語にも観察されます。次の3つの文を見てください。

(38) a. お腹が空いているなら、これを食べなさい。
　　 b. お腹が空いているのなら、どうして何も食べないのですか。
　　 c. お腹が空いているのなら、戸棚におやつが入っていますよ。

(38a-c)は、どれも「～なら」節を含んでいます。そして、もうお気づきのことと思いますが、(38a)の「～なら」節はタイプ（A）if節と、(38b)の「～なら」節はタイプ（B）if節と、そして(38c)の「～なら」節はタイプ（C）if節と共通しており、同じ「～なら」節でも、主節との意味関係において3つのタイプがあるようです。

Frankly (「率直に言って」) の文中位置

◆ **文中の位置によって異なる解釈を受ける副詞**

よく知られているように、frankly, honestly, candidly, confidentially, seriously, truthfully, sadly などの副詞は、動詞句に後続して、動詞句との間にポーズ（休止）なしで発話された場合と、文頭に現われて、主文との間にポーズをおいて発話された場合とで、2つの異なる意味を表わします。たとえば、次の (a) 文と (b) 文を見てください。

(1) a. You must speak your mind **frankly**.
    「あなたの考えを率直に言わなければなりません。」
  b. **Frankly**, I'm tired.
    「率直に言って、私はくたびれた。」
(2) a. He confessed **honestly**.
    「彼は正直に告白した。」
  b. **Honestly**, I don't love you.
    「正直言って、私はあなたを愛していない。」
(3) a. He described what had happened **truthfully**.
    「彼は、何が起きたかを正直に述べた。」
  b. **Truthfully**, I don't trust him.
    「正直言って、私は彼を信頼していません。」
(4) a. He said "no" **bluntly**.
    「彼はぶっきらぼうにノーと言った。」

b. **Bluntly**, you can lose all of your investment.
「遠慮なく言えば、あなたは、あなたの投資のすべてを失うかもしれません。」

Frankly, honestly, truthfully, bluntly は、(a) 文では、構文法的に、動詞句副詞で、意味的には「様態副詞」(manner adverb) と呼ばれてきたものです。「率直に、正直に、正直に、ぶっきらぼうに」という意味で、先行する「動詞（＋目的語）」が表わす行動の様態を表わします。他方、これらの副詞は、(b) 文では、構文法的に「文副詞」あるいは「文修飾副詞」(sentential adverb) と呼ばれてきたもので、「率直に言って、正直言って、正直言って、遠慮なく言えば」という意味で、話し手がどういう心理状態（たとえば、I'm being frank/honest/truthful/blunt）で、主文の情報を聞き手に伝えようとしているかを表わす副詞です。(b) 文の frankly, honestly, truthfully, bluntly のように、その意味が、対応する様態副詞の意味とは異なるものを、便宜上、「発話様式副詞」と呼ぶことにします（【付記】参照）。

◆ **発話様式副詞は、文のどの位置に現われるか**

　安藤 (2005) は、発話様式副詞は、文頭が無標で、文末に現われる場合は、あと思索 (afterthought) として添加されたものと解され、この場合、前にコンマを付けなくてはならない、と述べています。安藤は、これ以外、発話様式副詞の文中の位置について記述していませんから、この種の副詞は、文頭か文末にしか現われない、と考えているようです。

　Jackendoff (1972: 49) は、「率直に言って、正直言って」の意味の frankly, truthfully（つまり安藤 (2005) の「発話

様式副詞」としての frankly, truthfully）は、(i) 文頭、(ii) 前にコンマを伴って文末、それに (iii) 主語と述部の間に現われると述べています。安藤の記述との違いは、Jackendoff の記述に、主語と述部の間という位置が加わっていることです。例文はあげられていないのですが、次のような文を考えていたのだと思います。

(5) a. This **frankly** doesn't make any sense.
「率直に言って、これは意味をなさない。」
b. This **truthfully** was not that big of a deal.（実例）
「正直言って、これは、それほど大したことではなかった。」

辞書で、発話様式副詞がどのように取り扱われているか調べてみると、『ジーニアス英和辞典』（第5版、2014）の truthfully の項に、「[文頭で] 正直に言えば、本当のところ」という記述があります。同辞書の honestly の項には、文修飾副詞としては、「正直に言って」という意味で、下降上昇調のイントネーションで発音され、そのあとにポーズが現われるという旨の記述があり、Honestly, he is a phony.（正直言って、彼はくわせ者ですよ）という例が示されています。この例文とともに、I honestly don't know という例文もあげられていますから、この辞書は、frankly が主語と述語の間にも現われ得るという、辞書編集時点では一番高度の情報を使用者に提供しています。ただし、この辞書の編集者も、frankly は、その他の位置には現われない、と考えているようです。

◆ 発話様式副詞が文頭、文末あるいは主語と述語の間にしか現われないというのは本当か？

前節で紹介したように、発話様式副詞が文頭か、文末か、主語と述語の間にしか現われないというのが Jackendoff (1972) の制約です。しかし、実際には、発話様式副詞は、文の他のいろいろな位置に現われることができます。この制約は、次のような文が、何ら文脈のない場合、おかしな文と判断されるので正しいと考えられてきたように思われます。

(6) ??John went to the museum, **frankly**, with his wife.
「??ジョンは率直に言って、奥さんと美術館に行った。」

しかし、(6) がおかしな文という判断は、構文法的な理由によるものではなくて、談話法的な理由によるものです。ジョンが美術館に行ったのが奥さんと一緒だった、という内緒ごとではないような事実を、「率直に言って」というような言い訳めいた但し書きを付けて聞き手に伝える理由がないからです。「率直に言って」という但し書きを添えるよい理由があれば、frankly が with- 前置詞句の前に現われても、まったく適格な文ができます。

(7) a. √You've teamed up, **frankly**, with the worst possible business partner.
「君は、率直に言って、最悪のビジネスパートナーと組んでいる。」
b. √I voted for your legislation, **frankly,** with a great deal of reluctance.

「私は、君の法案に、率直に言って、しぶしぶ賛成票を投じた。」

(7a) の frankly は、様態（manner）副詞ではあり得ません（「*君は、率直に最悪のビジネスパートナーと組んでいる」）。Frankly は、聞き手のビジネスパートナーシップが、最悪の人とである、という意見を聞き手に率直に述べている、と伝えているのですから、この frankly は、間違いなく発話様式副詞です。(7b) の frankly も同様です。発話様式副詞が、実際には副詞句の前にも現われていることになります。

　(7a, b) に類似した例をさらにいくつかあげておきます。

(8) a. I was born, **truthfully**, in 1975.
    「私は、正直に言うと、1975 年に生まれました。」
  b. You've been acting, **bluntly**, without any conscience.
    「君は、遠慮なく言わせてもらうが、良心なしで行動している。」

(8a) は、それまで、年齢を、1985 年生まれと偽っていた人の発話と思えば、まったく適格な文です。(8b) には、特別な文脈を頭に浮かべる必要がありません。

　発話様式副詞は、名詞句の前にさえ現われます。

(9) a. You've teamed up with, **frankly** the worst possible business partner.
    「君は、率直に言って最悪のビジネスパートナーと組んでいる。」

b. She was adopted by, **honestly** a dysfunctional family.
「彼女は、正直言って機能不全の家族の養女になった。」

発話様式副詞が文頭か、文末か、主語と述語の間にしか現われない、という制約が間違っているという私たちの主張は、さらに次のような適格文によって裏づけられます。

(10) I voted for your legislation without much enthusiasm and **frankly,** with a pang of conscience.
「私は、あなたの法案にしぶしぶ、そして率直に言って、良心の呵責を感じながら、賛成票を投じたのです。」

これで、frankly のような発話様式副詞が文頭、コンマを伴って文末、そして主語と述語の間にしか現われない、という制約が真実でないことがお分かりいただけたと思います。

Too, Also と Even, Only (1)

第6章

―文中のどの要素が修飾されるのか？―

● 前の要素？　後ろの要素？

　Too は also より口語的で、話し言葉で用いられやすく、also は too より堅く (formal)、書き言葉でより多く用いられますが、両者はともに「～もまた」という意味の副詞です。さて、これら2つの副詞は、次の2文でそれぞれ文中のどの要素を修飾するのでしょうか。

(1) a.　John, **too**, e-mailed Mary.
　　b.　John **also** e-mailed Mary.

(1a) は、「(マイクやビルだけでなく) ジョンもまたメアリーにメールを送った」という意味で、too が、その前の主語 John を修飾することは明らかです。それでは、(1a) には too がその後ろの要素を修飾する解釈はないのでしょうか。つまり、(1a) には次のような解釈はないのでしょうか。

(2) a.　修飾要素＝**e-mailed**：手紙やファックスだけでなく、メールもまた送った。
　　b.　修飾要素＝**Mary**：Jane や Susan にだけでなく、Mary にもメールを送った。
　　c.　修飾要素＝**e-mailed Mary**：Jane に手紙を書き、Susan に電話をするだけでなく、Mary にメール

を送ること<u>も</u>（<u>また</u>）した。

みなさんは、このような質問をされると、「(1a)には『ジョンもまた』の意味しかないことは、誰でも知っていることだ。どうしてそんな分かりきった質問をするのか」と不思議に思われるかもしれません。しかし、(1b)のalsoはどうでしょうか。Alsoは、先に述べた4つの解釈のうち、どの解釈が可能なのでしょうか。あるいは4つの解釈すべてが可能なのでしょうか。

さらに、「〜でさえ」という意味を表わすevenを用いた次の文では、evenはどの要素を修飾するのでしょうか。(4a-d)に示した4つの解釈のうち、どれが(3)の文の表わす意味なのでしょうか。

(3)　　John **even** e-mailed Mary.
(4)　a.　修飾要素＝**John**：MikeやBillだけでなく、John <u>でさえ</u> Maryにメールを送った。
　　　b.　修飾要素＝**e-mailed**：手紙やファックスだけでなく、メール<u>さえ</u>送った。
　　　c.　修飾要素＝**Mary**：JaneやSusanにだけでなく、Mary<u>にさえ</u>メールを送った。
　　　d.　修飾要素＝**e-mailed Mary**：Janeに手紙を書き、Susanに電話をするだけでなく、Maryにメールを送ること<u>さえ</u>した。

本章と次章ではこのような問題を考え、too, also, evenが(1a, b)や(3)のように、主語の直後にある場合だけでなく、文中の他の位置にある場合も観察して、これらの副詞が文中のどの要素を修飾するかを明らかにしたいと思います。そして同時に、これらの副詞が用いられた文の構造がどのようになっているかも検討す

ることにします。本章では too と also を扱い、次章では even に焦点を当てるとともに、only も考慮して、これら4つの副詞の共通点や相違点を探りたいと思います。

● Too の「修飾ターゲット」

まず、too が文中のどの要素を修飾するかを考えてみましょう。以下で、「... X ... too ...」または「... too ... X ...」というパターンの文で、「X もまた」という解釈が可能で、too が X を修飾するとき、X は too の「(意味的) 修飾ターゲット」であるという言い方をしましょう。

さて、前節で述べたように、(1a) (以下に再録) には、too がその前の主語 John を修飾ターゲットとする解釈があるだけで、他の要素を修飾ターゲットとする解釈はありません。これを確認するために、(5a-d) に示すような文連続の適格性、不適格性を考察することにします ((5i)-(5iv) で too の意図された修飾ターゲットに下線を引いて示します)。

(1) a. John, **too**, e-mailed Mary.
(5) a. √修飾ターゲット =**John**：Mike や Bill だけでなく、John <u>もまた</u>
 (i) Mike and Bill e-mailed Mary.　√<u>John</u>, **too**, e-mailed her.
 b. *修飾ターゲット =**e-mailed**：手紙やファックスだけでなく、メール<u>も</u> (=2a)
 (ii) John sent a letter and a fax to Mary.　*He, **too**, <u>e-mailed</u> her.
 c. *修飾ターゲット =**Mary**：Jane や Susan にだけでなく、Mary に<u>も</u> (=2b)

(iii) John e-mailed Jane and Susan. *He, **too**, e-mailed Mary.
d. *修飾ターゲット＝**e-mailed Mary**：Jane に手紙を書き、Susan に電話をするだけでなく、Mary にメールを送ることも（=2c）
(iv) John wrote a letter to Jane, and phoned Susan. *He, **too**, e-mailed Mary.

(5i) は適格な文連続ですが、(5ii)-(5iv) は不適格な文連続です。したがって too は、その前の要素（＝それに先行する要素）しか修飾ターゲットにできないということが証明できたわけです。そのため、以下の例文では、too に後続する要素はその修飾ターゲットにならないので、言及しません。

それでは、次の文の too は、文中のどの要素を修飾ターゲットにしているでしょうか。

(6) John gave Mary, **too**, a bouquet of flowers.
　　a. *修飾ターゲット＝**John**：Mike や Bill だけでなく、John も
　　　（i）Mike and Bill gave Mary bouquets of flowers. *John gave her, **too**, a bouquet of flowers.
　　b. √修飾ターゲット＝**Mary**：Jane や Susan にだけでなく、Mary にも
　　　（ii）John gave Jane and Susan bouquets of flowers. √He gave Mary, **too**, a bouquet of flowers.
　　c. *修飾ターゲット＝**gave Mary**：John は花束を、Jane に送り、Susan に買っただけでなく、Mary にあげもした。

(iii) John sent Jane a bouquet of flowers, and bought Susan a bouquet of flowers.　*He gave Mary, **too**, a bouquet of flowers.

d.　*修飾ターゲット＝**John gave Mary**：花束を Mike は Jane に送り、Bill は Susan に買った。花束を John が Mary にあげもした。

(iv) Mike sent Jane a bouquet of flowers, and Bill bought Susan a bouquet of flowers.　*John gave Mary, **too**, a bouquet of flowers.

(6) は、「ジョンは［メアリーにも］花束をあげた」（=6ii）という意味です。この文には、「［ジョンも］メアリーに花束をあげた」（=6i）、「ジョンは花束を［メアリーにあげもした］」（=6iii）、「花束を［ジョンがメアリーにあげもした］」（=6iv）という意味はありません。この事実と（1a）（=John, too, emailed Mary.）の解釈だけから判断すると、too は、その直前の要素のみ修飾ターゲットにし、それ以外の先行要素は修飾ターゲットにすることができないように見えます。

John gave Mary, **too**, a bouquet of flowers.

しかし、次の文では、too がその直前の Mary だけでなく、他の要素も修飾ターゲットとしています。

(7) John e-mailed Mary, **too**.
    a. √修飾ターゲット =**Mary**：Jane や Susan にだけでなく、Mary に<u>も</u>
      (i) John e-mailed Jane and Susan. √He e-mailed <u>Mary</u>, **too**.
    b. √修飾ターゲット =**e-mailed**：電話やファックスだけでなく、メール<u>も</u>
      (ii) John phoned and faxed Mary. √He <u>e-mailed</u> her, **too**.
    c. √修飾ターゲット =**e-mailed Mary**：Jane に手紙を書き、Susan に電話をしただけでなく、Mary にメールを送ることも<u>も</u>した。
      (iii) John wrote a letter to Jane, and phoned Susan. √He <u>e-mailed Mary</u>, **too**.
    d. √修飾ターゲット =**John**：Mike や Bill だけでなく、John <u>も</u>
      (iv) Mike and Bill e-mailed Mary. √<u>John</u> e-mailed her, **too**.
    e. √修飾ターゲット =**John e-mailed Mary**：Mike が Jane に手紙を書き、Bill が Susan に電話をしただけでなく、John が Mary にメールを送ることも<u>も</u>した。
      (v) Mike wrote a letter to Jane, and Bill phoned Susan. √<u>John e-mailed Mary</u>, **too**.

(7) には、「ジョンは［メアリーにも］メールを送った」(=7i) という意味だけでなく、「ジョンはメアリーに［メールを送るこ

ともした]」(=7ii)、「ジョンは [メアリーにメールを送ることもした]」(=7iii)、「[ジョンも] メアリーにメールを送った」(=7iv)、「[ジョンがメアリーにメールを送ることもした]」(=7v)の意味もあります。一体どうして、(6) と (7) の文で解釈がこのように異なるのでしょうか。

● (6)と(7)は何が違っているか？

(6) と (7) で too の修飾ターゲットがなぜ異なるのかという疑問は、この2つの文の too が現われる以前の樹形図を比べてみると、すぐに解けます。

(8) a. John e-mailed Mary.　b. John gave Mary a bouquet of flowers.

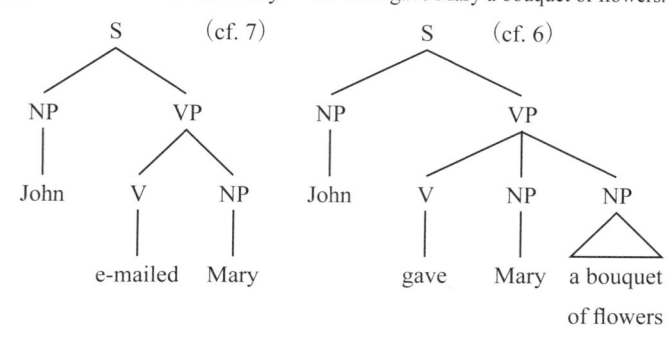

(7) (=John e-mailed Mary, **too**.) では、too が文末に現われています。(8a) の樹形図を見ると、John e-mailed Mary という単語連続には、それのみを余すことなく下位節点とする S（文）という上位節点があります。他方、(6) (=John gave Mary, **too**, a bouquet of flowers.) では、too が John gave Mary のあとに現われています。(8b) の樹形図を見ると、この John gave Mary という単語連続には、そ

れのみを余すことなく下位節点とする上位節点がありません。なぜなら、この単語連続を下位節点とする上位節点のSは、a bouquet of flowers を残してしまうからです。要するに、(7) の John e-mailed Mary はSという単一の構成要素（文法範疇節点）を形成するが、(6) の John gave Mary のみに相当する構成要素はない、ということになります。

　以上のことが分かると、(1a),(6),(7)で観察した too の修飾ターゲットは、次の２つの仮定をすることによって、説明できることになります。

(9) a. **too の付加条件**：
　　　too は、それに先行する句・文レベルの構成要素にのみ付加して、それを構文法的修飾ターゲットとする。
　　b. **too の意味的修飾ターゲット**：
　　　too は、その構文法的修飾ターゲット全体、ならびにその下位構成要素を形成する最下位の単語連続（１単語のケースも含む）を意味的修飾ターゲットとする。

ここでまず、(9a) の「付加」について説明します。(7)（=John e-mailed Mary, **too**.）で、too が Mary の上位節点 NP に付加された場合の局部的樹形図は次のようになります。

(10) Mary, too の樹形図

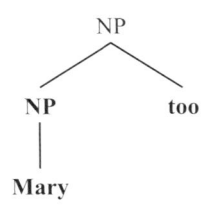

```
          NP
         /  \
       NP    too
       |
      Mary
```

付加とは、任意の構成要素（節点）（ここでは Mary の上位節点の NP）に、ある要素（ここでは too）が付け加えられることで、その結果、任意の構成要素と同じ構成要素（ここでは上位の NP）が形成されるプロセスです。言語学では、このような付加プロセスは、「チョムスキー付加」（Chomsky-Adjunction）と呼ばれています。(10) の付加と (9a) の「付加条件」により、too は、Mary の上位節点の NP を構文法的修飾ターゲットとし、(9b) の「意味的修飾ターゲット」により、その NP を形成する最下位の単語連続、すなわち 1 単語の Mary だけですが、これを意味的修飾ターゲット（つまり、本章で考察している「修飾ターゲット」）とします。

　付加は、ある構成要素に too などが付け加えられることなので、両者は互いに隣接関係になければなりません。したがって、(7)（=John e-mailed Mary, **too**.）では、Mary の上位節点の NP だけでなく、e-mailed Mary の上位節点の VP と John e-mailed Mary の上位節点の S も、too に隣接しているので、too はこれらの構成要素にも付加されます。その付加構造を以下に示します。しかし、John の上位節点の NP や e-mailed の上位節点の V は、too との間に他の要素が入っており、too と隣接していませんから、too がこれらの構成要素に付加することはできません。

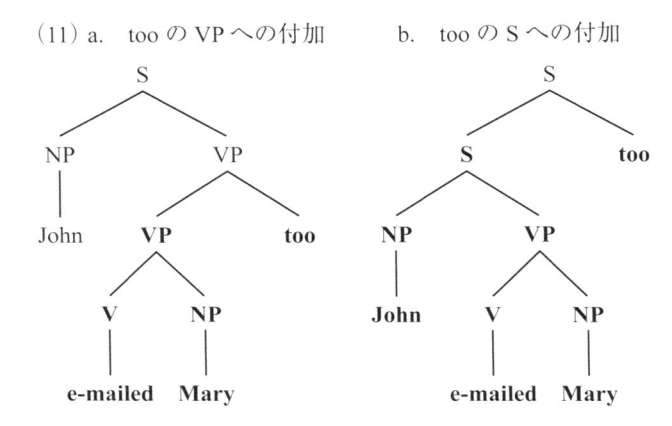

（11） a.　too の VP への付加　　b.　too の S への付加

(11a) の付加と (9a) の「付加条件」により、too は、それが付加された節点 VP を構文法的修飾ターゲットとし、(9b) の「意味的修飾ターゲット」により、この VP, およびその下位構成要素である V と NP を形成する最下位の単語連続、すなわち、e-mailed Mary, e-mailed, Mary の３つを意味的修飾ターゲットとします。また、(11b) の付加では、(11a) から得られる解釈に加えて、John と John e-mailed Mary を意味的修飾ターゲットとする解釈が得られます。なぜなら、too は、それが付加された節点 S を構文法的修飾ターゲットとし、John と John e-mailed Mary は、その最下位の単語連続だからです。したがって、too が Mary を意味的修飾ターゲットとする解釈は、(10) と (11a), (11b) の３つの樹形図から得られることになります。また、too が e-mailed を意味的修飾ターゲットとする解釈と、e-mailed Mary を修飾ターゲットとする解釈は、(11a) と (11b) の２つの樹形図から得られることになります（【付記１】、【付記２】参照）。

　それでは次に、(9a, b) を踏まえて、(1a)（以下に再録）を見てみましょう。(9a) により、(1a) の too は、John の上位節点の

NPにのみ付加されることになります。

(12) a.　John, **too**, e-mailed Mary. (=1a)
　　 b.

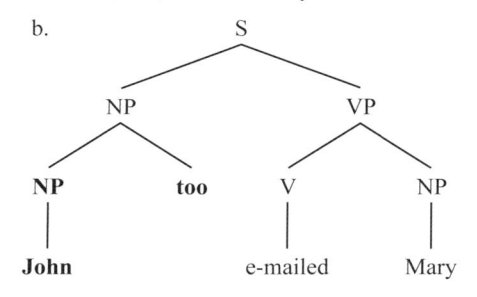

```
            S
         /     \
       NP       VP
      /  \     /  \
    NP   too  V    NP
    |        |     |
   John   e-mailed Mary
```

仮説 (9b) により、too の意味的修飾ターゲットは、too が付加されている構成要素である NP の最下位の単語連続、すなわち 1 単語の John のみということになります。

　繰り返しになりますが、以上のように、副詞の付加条件と文の構造に基づく本章の説明では、副詞が付加される構成要素（節点）が、その副詞の「構文法的修飾ターゲット」であり、その構文法的修飾ターゲットとその下位構成要素を形成する最下位の単語連続のいずれもが、その副詞の「意味的修飾ターゲット」（本章で考察している「修飾ターゲット」）になるということです。

　次に (6)（以下に再録）を見てみましょう。

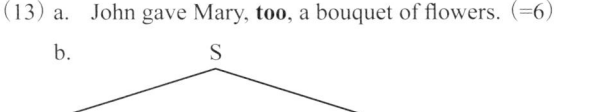

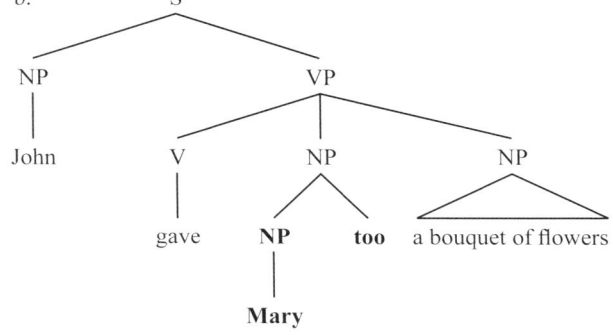

(13) a.　John gave Mary, **too**, a bouquet of flowers.（=6）
b.
```
              S
          ┌───┴────┐
         NP        VP
          │   ┌────┼──────┐
         John V   NP      NP
              │  ┌─┴─┐    △
             gave NP too  a bouquet of flowers
                  │
                 Mary
```

ここでも、too は先行する名詞句（Mary の上位構成要素）にのみ付加され、Mary のみが too の修飾ターゲットとなるので、(13a)（=6）は、「ジョンは［メアリーにも］花束をあげた」（=6ii）という意味のみを表わします。Too がどうして gave Mary や John gave Mary を修飾ターゲットとすることができないかというと、これらは単一構成要素を成していませんから、too を付加する節点がないからです。

● Too の辞書記載項目

私たちは上で、too の修飾ターゲットを考察し、too は、
(i)　それに先行する要素しか修飾ターゲットにできないこと、
(ii)　文中や文末には現われるが、文頭には現われないこと、
(iii)　名詞句や動詞、動詞句、さらに文など、様々な要素を修飾ターゲットにできること、

を示しました。そして、このような too の修飾ターゲットの特性を (9a) の「too の付加条件」と (9b) の「too の意味的修飾ター

ゲット」により説明しました。私たちはここで、too がどのような要素に付加できるかが、たとえば次のような形で、too の意味とともに辞書に登録されているものと考えます（[（節点名 X）付加］という表現は、「節点 X への付加」を意味し、「先行・後続付加」という表現は、「先行・後続する節点への付加」を意味します（【付記3】参照））。

(14) **Too の辞書記載項目**
 a. [＋名詞句付加] [＋動詞句付加] [＋形容詞句付加]
  [＋前置詞句付加] [＋副詞句付加] [＋文付加]
          （【付記4】参照）
 b. [＋先行付加] [－後続付加]

(9a) の付加条件と文構造に基づく too の修飾ターゲットの説明は、(14a, b) のような too の辞書記載項目を、too の修飾ターゲットの具体例に基づいて、理論的に説明したものと言えます。

　ここで、too などの副詞が文（S）全体に付加される場合に関して、一言補足しておきます。本章では、S に付加できる副詞は、S の前の付加ならその後ろにコンマ（話し言葉ではポーズ）を置かなければならないと規定します。そしてこのような副詞を便宜上、「文副詞」と呼びますが、文副詞というカテゴリーが、普通の「動詞句副詞」（たとえば carefully や often）と別に存在するわけではなく、与えられた副詞が、文頭、文末に現われるか、その際、ポーズを伴うか、名詞句に付加できるか、動詞句副詞として用いられるかなどは、その副詞の特性として辞書に記載されているものと考えます（【付記5】参照）。したがって、too の「文副詞」的用法であれば、(14b) で示したように、[－後続付加] として辞書に記載されているため、S の後にのみ付加できることになり

ます((11b),【付記6】参照)。

● Also の修飾ターゲット

次に also の修飾ターゲットを考えてみましょう。興味深いことに、also は too と違って、先行する構成要素も後続する構成要素もその修飾ターゲットにすることができます。したがって、(1b)(以下に再録)には、(15)に示すように、too が持っている唯一の解釈(15i)のほかに、too にはない(15ii)-(15iv)の解釈もあります((5a-d)を参照)((15i)-(15iv)でも also の意図された修飾ターゲットを下線で示します)。

(1) b. John **also** e-mailed Mary.
(15) a. √修飾ターゲット=**John**：Mike や Bill だけでなく、John もまた
   (i) Mike and Bill e-mailed Mary. √<u>John</u> **also** e-mailed her.
  b. √修飾ターゲット=**e-mailed**：手紙やファックスだけでなく、メールも
   (ii) John sent a letter and a fax to Mary. √He **also** <u>e-mailed</u> her.
  c. √修飾ターゲット=**Mary**：Jane や Susan にだけでなく、Mary にも
   (iii) John e-mailed Jane and Susan. √He **also** e-mailed <u>Mary</u>.
  d. √修飾ターゲット=**e-mailed Mary**：Jane に手紙を書き、Susan に電話をするだけでなく、Mary にメールを送ることも
   (iv) John wrote a letter to Jane and phoned Susan. √He

also e-mailed Mary.

話し言葉では一般に、修飾ターゲットにはストレス（強勢）が置かれます。そのため、たとえば (15i) では John に、(15ii) では e-mailed にストレスが置かれ、強く発音されます。この点は、話し手の間で多少の違いはありますが、too や even の修飾ターゲットについても同様です。

(1b) が (15i)-(15iv) のいずれの解釈も持ち得るという事実から、also に対して次の仮説を立てることができます。

(16) a. **also の付加条件**：
also は、それに先行する句・文レベルの構成要素だけでなく、後続する句・文レベルの構成要素にも付加して、それらを構文法的修飾ターゲットとする（【付記 7】参照）。
b. **also の意味的修飾ターゲット**：
also は、その構文法的修飾ターゲット全体、ならびにその下位構成要素を形成する最下位の単語連続（1 単語のケースも含む）を意味的修飾ターゲットとする。

(16a, b) に基づいて、(1b)（=John **also** e-mailed Mary.）が (15i) の解釈を持つことは、(17a) の樹形図により説明でき、(1b) が (15ii)-(15iv) の解釈を持つことは、(17b) の樹形図により説明できます。

(17) a. [S [NP [NP John] **also**] [VP [V e-mailed] [NP Mary]]]

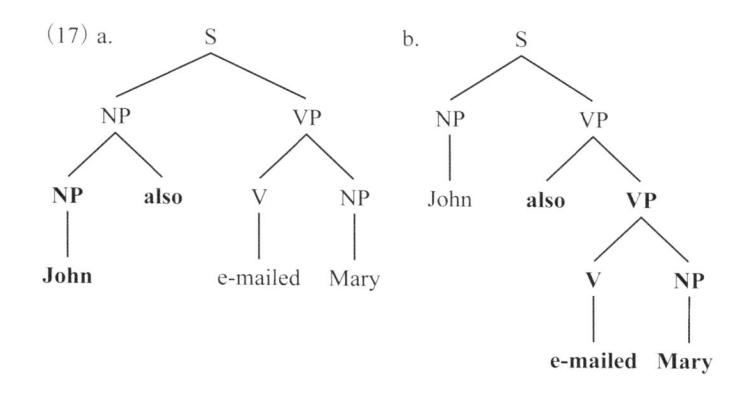

b. [S [NP John] [VP **also** [VP [V e-mailed] [NP Mary]]]]

ここで、e-mailed は語彙レベル（X）の範疇 V ですから、too と同様、also が e-mailed の上位節点 V に付加する構造はないことに注意してください（【付記2】参照）。

● Also の文末および文頭修飾

　Also は、名詞句（exx. John **also** came; He invited **also** Mary.）、動詞句（exx. He **also** e-mailed Mary; He e-mailed Mary **also**.）、形容詞句（exx. He is **also** full of originality; He is full of originality **also**.）前置詞句（exx. He worked closely **also** with Tom; He worked closely with Tom **also**.）など、多種の構文カテゴリーの前後だけでなく、too と同様に、文末に置くこともできます。したがって、たとえば次の文では、too が用いられた（7）と同様に、also が、Mary, e-mailed, e-mailed Mary, John, そして John e-mailed Mary の5つを修飾ターゲットとする解釈が可能です（（7a-e）と（11b）の樹形図を参照）。

　(18)　　John e-mailed Mary, **also**.

さらに also は、too とは異なり、そのあとにコンマ（話し言葉ではポーズ）を伴って、次のように文頭にも現われます。そしてこの場合も、(19) に示すように、also は 5 つの要素を修飾ターゲットとすることができます。

(19)　**Also**, John e-mailed Mary.
　　a.　√修飾ターゲット＝**John**：Mike や Bill だけでなく、John
　　　　　　　　　　　　　　もまた
　　　　(i) Mike and Bill e-mailed Mary.√**Also,** John e-mailed her.
　　b.　√修飾ターゲット＝**e-mailed**：手紙やファックスだけで
　　　　　　　　　　　　　　なく、メールも
　　　　(ii) John sent a letter and a fax to Mary. √**Also**, he e-mailed her.
　　c.　√修飾ターゲット＝**Mary**：Jane や Susan にだけでなく、
　　　　　　　　　　　　　　Mary にも
　　　　(iii) John e-mailed Jane and Susan.√**Also**, he e-mailed Mary.
　　d.　√修飾ターゲット＝**e-mailed Mary**：Jane に手紙を書き、
　　　　　　　　　　　　　　Susan に電話をするだけでなく、
　　　　　　　　　　　　　　Mary にメールを送ることも
　　　　(iv) John wrote a letter to Jane and phoned Susan. √**Also**, he e-mailed Mary.
　　e.　√修飾ターゲット＝**John e-mailed Mary**：Mike が Jane
　　　　　　　　　　　　　　に手紙を書き、Bill が Susan に電話
　　　　　　　　　　　　　　をするだけでなく、John が Mary
　　　　　　　　　　　　　　にメールを送ることも
　　　　(v) Mike wrote a letter to Jane, and Bill phoned Susan.

√**Also**, John e-mailed Mary.

(18) や (19) が上に示した5つの解釈を持ち得るのは、also が先行文、後続文の全体に付加され得るからです。

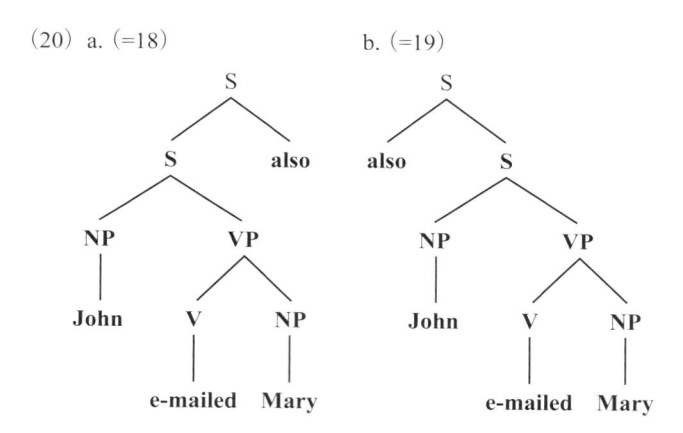

(20) a. (=18)　　　　　b. (=19)

```
        S                        S
       / \                      / \
      S   also              also   S
     / \                          / \
   NP   VP                      NP   VP
   |   / \                      |   / \
  John V   NP                  John V   NP
       |   |                        |   |
   e-mailed Mary              e-mailed Mary
```

ここでもちろん、(18) には、文末の also が目的語の名詞句 Mary に付加されている構造や、動詞句 e-mailed Mary に付加されている構造もあります ((10), (11a), 【付記8】参照)。

● Also の辞書記載項目（暫定的）

以上から、also は、
(i) それに先行する要素だけでなく、それに後続する要素も修飾ターゲットにできること、
(ii) 文中や文末だけでなく、文副詞として、コンマ（ポーズ）を伴い文頭にも現われること、
(iii) 名詞句や動詞句、形容詞句や前置詞句、さらに文など、

様々な要素に付加され得ること、

が分かりました。したがって、これらの also の特性は、その意味とともに次のような形で辞書に登録されているものと考えられます。

(21) **Also** の辞書記載項目（暫定的）
 a. ［＋名詞句付加］［＋動詞句付加］［＋形容詞句付加］
  ［＋前置詞句付加］［＋副詞句付加］［＋文付加］
 b. ［＋先行付加］［＋後続付加］

● Also の特殊機能

前節で、also は文末や文頭に現われて、先行文や後続文の全体をその修飾ターゲットにできることを見ましたが、(1b)（以下に再録）のように文中にある場合でも、その前後にポーズを置いて発音される場合は、John e-mailed Mary の文全体をその修飾ターゲットとすることができます（ポーズを縦線で示します）。

(22) John | **also** | e-mailed Mary.（cf. 1b）
  √修飾ターゲット ＝ **John e-mailed Mary**：Mike が Jane に手紙を書き、Bill が Susan に電話をするだけでなく、John が Mary にメールを送ること<u>も</u>
 (i) Mike wrote a letter to Jane, and Bill phoned Susan. √<u>John | **also** | e-mailed Mary</u>.

このような also の用法は、いわば特殊なもので、あたかも by the way や in my opinion のような「挿入句」（parenthetical phrase）

と同じような形で、話し手が文を話し始めた直後に、追加的に挿入するものと見なせます。そして also はこの場合に、挿入句と同じように、文全体をその修飾ターゲットにできるという特殊機能を持っていることになります。Too などにはないこの also の用法は、当然、also の特殊機能として辞書に記載されるべきものと考えられます（【付記9】参照）。この特殊機能を［＋挿入句的文修飾］で表わすことにします（【付記10】参照）。

Also のさらなる特殊機能として、also は、助動詞や be 動詞の後ろに位置して、主語をその修飾ターゲットにすることができるという点があげられます。次の文を見てください。

(23) a. I know John has smoked a cigarette, and that Bill has **also** smoked a cigarette.
「私は、ジョンがたばこを吸ったことを知っているし、ビルもまたたばこを吸ったことを知っている。」
b. Mary got married last month. Her sister will **also** marry next month.
「メアリーは先月結婚し、彼女の妹も来月結婚する。」
c. Robert is a doctor, and his wife is **also** a doctor.
「ロバートは医者で、彼の妻もまた医者です。」

(23a-c) はすべて適格で、日本語訳からも明らかなように、also が、その主語（Bill, her sister, his wife）を修飾ターゲットとしています（【付記11】参照）。これに対して、too には、also が持つこのような特殊機能はありません。したがって、(23a-c) の適格性とは対照的に、これらの文の also を too に代えた次の文は、すべて不適格です。

(24) a. *I know John has smoked a cigarette, and that <u>Bill</u> has **too** smoked a cigarette.
   b. *Mary got married last month. <u>Her sister</u> will **too** marry next month.
   c. *Robert is a doctor, and <u>his wife</u> is **too** a doctor.

(23a-c)が示すような also の用法も、特殊機能として辞書に登録されるべきものと考えられます。この also の特殊機能を、[＋助動詞・動詞句間から主語修飾]として表わすことにします（この表記の「助動詞」は、be 動詞も含みます）。

以上の点を踏まえて、(21) の also の辞書記載項目は次のように修正されます（【付記12】参照）。

(25) **Also の辞書記載項目**
   a. ［＋名詞句付加］［＋動詞句付加］［＋形容詞句付加］［＋前置詞句付加］［＋副詞句付加］［＋文付加］
   b. ［＋先行付加］［＋後続付加］
   c. 特殊機能
      (i) ［＋挿入句的文修飾］
      (ii) ［＋助動詞・動詞句間から主語修飾］

● Too や also は動詞と目的語の間に置けるか？

(12) と (15) では、too や also が主語と動詞の間に位置する場合を考察しましたが、これらの副詞は、動詞と目的語の間には位置するのでしょうか。Too や also は、次の例が示すように、この位置には生じません。

(26) a. *John e-mailed, **too**, Mary.
　　 b. *John e-mailed **also** Mary.（【付記13】参照）

そしてこの点は、too や also に限らず、一般の副詞でも同じで、次の例が示すように、動詞と目的語の間には位置しません。

(27) a. *John visits **often** Mary.
　　 b. *Sue drove **carefully** the car.

ここで、(26a, b)（や (27a, b)）が不適格なのは、(9a) や (16a) で想定したように、too や also が語彙レベル（X）の範疇 V（e-mailed, visits 等）には付加できないからだと思われるかもしれません。しかし、もしそれが原因なら、次のような例も不適格となるはずですが、以下の例は、too や also, often や carefully が、動詞と目的語の間に位置しているにもかかわらず、まったく適格です。

(28) a. John e-mailed, **too**, [his old friend he had met in Harvard Square yesterday].
　　 b. John e-mailed **also** [his old friend he had met in Harvard Square yesterday].
(29) a. John visits **often** [his hometown where his mother still lives alone].
　　 b. Sue drove **carefully** [the car that she had borrowed from her sister].

一体、両者の違いはどのように説明されるのでしょうか。
　両者の決定的な違いは、もうお気づきのことと思いますが、

（26a, b），（27a, b）の目的語が短くて「軽い」のに対し、（28a, b），（29a, b）の目的語は長くて「重い」という点です。後者の例は、次のような基底構造に対して、その長くて重い目的語（「重名詞句」）を文末に移す「重名詞句移動」（Heavy NP Shift）と呼ばれる現象です。

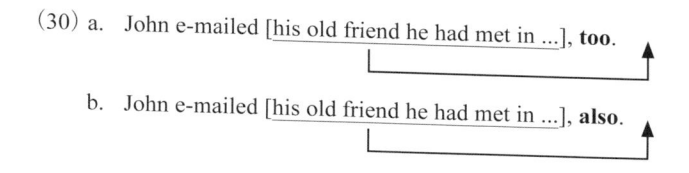

(30) a. John e-mailed [his old friend he had met in ...], **too**.

　　 b. John e-mailed [his old friend he had met in ...], **also**.

上記の派生の too, also は、先行する名詞句を修飾する副詞であることに注意してください。したがって、先行する長くて重い目的語が、その修飾ターゲットになります。

　以上のことが分かると、（26a, b），（27a, b）も、これらの文の基底構造は次のような文であり、それに対して、（30a, b）と同様に目的語を文末に移動した結果生じる文パターンであることが分かります。

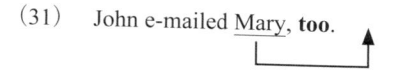

(31)　John e-mailed Mary, **too**.

しかし、重名詞句移動は、長くて重い名詞句に対して適用され、Mary のような短くて軽い名詞句に対しては適用されません。したがって、（26a, b），（27a, b）が不適格なのは、「重名詞句移動」を Mary や the car のような短くて軽い名詞句に不適切に適用してしまった結果だと説明されます（【付記14】参照）。言い換えれば、次のような表層構造は不適格であるという制約があり、（26a, b），

(27a, b) はこの制約により不適格であるとマークされます。

(32) *[動詞＋副詞＋軽い目的語]

(26b)（=*John e-mailed **also** Mary.）が不適格なのには、もうひとつの要因があります。Also は、too や often, carefully のような副詞とは違って、後続する名詞句も修飾ターゲットとすることができます。したがって、(26b) の文の派生には、上で述べた重名詞句移動とは無関係の、also が Mary の上位節点の目的語名詞句（NP）に付加する派生もあります。しかし、この派生で生じる (26b) の文は、結果として、動詞と軽い目的語 Mary の間に副詞が介在することになり、それが許されないという制約 (32) に違反するので不適格であると説明されます。

● 結び

本章では、too と also の副詞が、それぞれ文中のどの要素をその修飾ターゲットとするかを考察しました。そして、too は、それに先行する構成要素のみを修飾ターゲットとするのに対し、also は、それに先行する要素と後続する要素の両方を修飾ターゲットとすることができることを示しました。そしてこの点を、次の仮説を設けて説明しました。

(33) a. **too と also の付加条件**：
too は、それに先行する句・文レベルの構成要素にのみ付加して、それを構文法的修飾ターゲットとするが、also は、それに先行する句・文レベルの構成要素だけでなく、後続する句・文レベルの構成要素にも付

加して、それらを構文法的修飾ターゲットとする。
b. **too と also の意味的修飾ターゲット**：
too と also は、その構文法的修飾ターゲット全体、ならびにその下位構成要素を形成する最下位の単語連続（1 単語のケースも含む）を意味的修飾ターゲットとする。

また私たちは、too と also が文中のどのような要素に付加できるかが、それらの意味とともに、プラス、またはマイナスの素性として辞書に登録されているものと想定し、それを次のように示しました。

（14） **Too の辞書記載項目**
 a. ［＋名詞句付加］［＋動詞句付加］［＋形容詞句付加］
  ［＋前置詞句付加］［＋副詞句付加］［＋文付加］
 b. ［＋先行付加］［－後続付加］

（25） **Also の辞書記載項目**
 a. ［＋名詞句付加］［＋動詞句付加］［＋形容詞句付加］
  ［＋前置詞句付加］［＋副詞句付加］［＋文付加］
 b. ［＋先行付加］［＋後続付加］
 c. 特殊機能
  （i） ［＋挿入句的文修飾］
  （ii） ［＋助動詞・動詞句間から主語修飾］

（25c）の also が持つ特殊機能は、（33a, b）の付加条件と意味的修飾ターゲットの制約では十分な説明ができないものですが、それがゆえに、also の特殊機能として辞書に記載されているものと考

えられます（【付記15】参照）。

さらに本章では、*John e-mailed, **too**, Mary.（=26a）や *John e-mailed **also** Mary.（= 26b）のような文がなぜ不適格かについて考察し、まず最初に、これらの文に、too, also が先行する動詞（V）e-mailed を修飾する派生はないことを示しました。Too や also は、句・文レベルの構成要素に付加し、語彙レベルの構成要素には付加できない（(33a) 参照）というのが、その理由です。次に、too や also が、普通の副詞と同様に、動詞と短くて軽い目的語の間には置かれないのに対し、動詞と長くて重い目的語の間には置かれることを観察しました。そして、前者が不適格なのは、「重名詞句移動」が短くて軽い目的語に不適切に適用された結果であるのに対し、後者が適格なのは、この移動が、長くて重い重名詞句に適切に適用された結果であるという、often や carefully のような普通の副詞の場合（*John visits **often** Mary.（=27a）/ John visits **often** [his hometown where his mother still lives alone].（=29a）; *Sue drove **carefully** the car.（=27b）/ Sue drove **carefully** [the car that she had borrowed from her sister].（=29b））には既知の説明を適用しました。つまり、(26a, b) は (32) の *[動詞＋副詞＋軽い目的語] の表層構造パターンのため不適格となります。また、also の場合は、重名詞句移動とは無関係の派生（also が目的語に付加する派生）もありますが、この場合は、also が動詞と軽い目的語の間には位置できないという制約が直接適用されて不適格とマークされると説明しました。

本章では、たとえば、also に、「文副詞」、「動詞句副詞」、「名詞句副詞」などの品詞用法がある、というような記述を行なわないで、also には「副詞」というひとつだけの品詞指定しかなく、その「文副詞的」、「動詞句副詞的」、「名詞句副詞的」機能は、[＋文付加]、[＋動詞句付加]、[＋名詞句付加]などの特性指定によっ

て辞書に登録されるべきものである、というアプローチをとりました。本章の最後に、どうしてそういうアプローチをとったかを説明しておきたいと思います。

まず第1に、次の文を見てください。

(34) a. **Also**, John went to the museum with Mary in June.
　　 b. John, **also** went to the museum with Mary in June.
　　 c. John went **also** to the museum with Mary in June.
　　 d. John went to the museum **also** with Mary in June.
　　 e. John went to the museum with Mary **also** in June.

これらの文は、also の構文法的修飾ターゲットが異なるだけで、also の意味に何の変化もありません。(a) の also は文副詞、(b) の also は動詞句副詞、(c, d, e) の also は前置詞句副詞で、(34) には、3つの異なる副詞が用いられていると主張することには、あまり得るところがないように思われます。

第2に、too と also には、「文副詞」の機能があると言っても、(14b) と (25b, c) を比べてみれば明らかなように、too の「文副詞」と also の「文副詞」とは、極めて異なった振る舞いを示しますから、そういう品詞指定は、あまり役に立ちません。

第3に、too, also 以外の「文副詞」に視野を広げると、たとえば、hence（それゆえに）のような表現は、「文副詞」の範疇に属する副詞と思われますが、次の (35a, b) に示すように、「文頭付加」の機能はあっても、「文末付加」の機能はありません。

(35) a. It's snowing hard outside. **Hence**, I think we have to stay here for a while.
　　 b. *It's snowing hard outside. I think we have to stay here for a

while, **hence**.

これも、「文副詞」という品詞指定が不十分であることのもうひとつの理由です。

　第4に、「文副詞」以外の副詞に視野を広げると、一概に動詞句副詞と言っても、たとえば carefully は、(36a, b) に示すように、［先行付加］と［後続付加］の両方の機能を持っていますが、hard には、(37a, b) に示すように、［先行付加］の機能がありません。

(36) a.　He **carefully** examined the specimen.
　　 b.　He examined the specimen **carefully**.
(37) a.　He worked **hard** for the exam.
　　 b. *He **hard** worked for the exam.

　上記のような理由で、私たちは、副詞の下位品詞分類に基づいた記述を避けて、(14) や (25) に示されているような機能指定のアプローチをとったわけです。ただ、本章では、これまでの慣例に従って、「文副詞」という用語を便宜上使いましたし、コラム③でも、文頭にコンマ（ポーズ）を伴って現われる frankly や honestly のような副詞を便宜上、「文副詞」という用語で呼びました。

　次章で even と only の修飾ターゲットを考察し、too と also の修飾ターゲットとの共通点と相違点を探りたいと思います。

Too, Also と Even, Only（2）
―文中のどの要素が修飾されるのか？―

第7章

● Even の不思議な振る舞い

　前章で考察したように、too と also は、一般の副詞と同様に、動詞と短い目的語の間に位置することができず、次の（1a, b）のような文は不適格です。一方、even はこの位置に置くことが可能で、（2a, b）のような文は、何の問題もない適格文です。

(1) a. *John e-mailed, **too**, Mary.
　　b. *John e-mailed **also** Mary.
(2) a. 　John e-mailed **even** Mary.
　　b. 　He blamed **even** me.

同じ副詞なのに、too, also と even でどうしてこのような違いがあるのでしょうか。
　次に、even の修飾ターゲットを考えてみましょう。(2a, b) の適格文で、even の修飾ターゲットは、後続要素の Mary や me のみで、先行要素の John や e-mailed, He や blamed は、even の修飾ターゲットにはなりません。したがって、たとえば (2a) の even の修飾ターゲットは、次のように示すことができます（(3i)-(3iii) で even の意図された修飾ターゲットに下線を引いて示します）。

(3) 　John e-mailed **even** Mary.　(=2a)
　　a. √修飾ターゲット＝**Mary**：Jane や Susan にだけでなく、

Mary にさえ

(i) John e-mailed Jane and Susan. √He e-mailed **even Mary**.

b. *修飾ターゲット＝**e-mailed**：手紙やファックスだけでなく、メールさえ

(ii) John sent a letter and a fax to Mary. *He e-mailed **even** her.

c. *修飾ターゲット＝**John**：Mike や Bill だけでなく、John でさえ

(iii) Mike and Bill e-mailed Mary. *John e-mailed **even** her.

この事実から、even の修飾ターゲットは、前章で考察した too の場合とは反対に、それに先行する要素ではなく、後続する要素であると思われるかもしれません。

しかし、次の２文を見てください。

(4) a. **Even** John e-mailed Mary.
   b. John **even** e-mailed Mary.

(4a) は、「ジョンでさえメアリーにメールを送った」という意味で、even は John を修飾ターゲットとしています。この点は、John が even の後続要素ですから、上の予測通りです。しかし、意外に思われるかもしれませんが、John が even の先行要素である (4b) にも、この意味があります。つまり (4b) にも、「ジョンでさえメアリーにメールを送った」という意味があり、John が even の修飾ターゲットになり得ます。

第7章　Too, Also と Even, Only（2）　155

John **even** e-mailed Mary.

（4b）には、もちろん、even が、先行要素の John だけでなく、後続要素をその修飾ターゲットとする解釈もあります。したがって、（4b）の even の修飾ターゲットは、次のように示すことができます。

(5) John **even** e-mailed Mary.（=4b）
 a. √修飾ターゲット＝**John**：Mike や Bill だけでなく、John でさえ
  (ⅰ) Mike and Bill e-mailed Mary.　√<u>John</u> **even** e-mailed her.
 b. √修飾ターゲット＝**e-mailed**：手紙やファックスだけでなく、メール<u>さえ</u>
  (ⅱ) John sent a letter and a fax to Mary.　√He **even** <u>e-mailed</u> her.
 c. √修飾ターゲット＝**Mary**：Jane や Susan にだけでなく、Mary に<u>さえ</u>
  (ⅲ) John e-mailed Jane and Susan.　√He **even** e-mailed <u>Mary</u>.
 d. √修飾ターゲット＝**e-mailed Mary**：Jane に手紙を書き、

>   Susan に電話をするだけでなく、
>   Mary にメールを送ること<u>さえ</u>
> (iv) John wrote a letter to Jane, and phoned Susan. √He **even** <u>e-mailed Mary</u>.

(2a)（=John e-mailed **even** Mary.）では、even は後続要素しか修飾ターゲットにできないのに、(4b)（=John **even** e-mailed Mary.）では、even はどうして後続要素だけではなく、先行要素も修飾ターゲットとすることができるのでしょうか。

　本章では、このような even の謎を解き明かし、even の修飾ターゲットと too, also の修飾ターゲットの違いを探りたいと思います。また、only の修飾ターゲットについても、本章の最後で言及します。

● Even は「数量詞」としても機能する

　本節では、even や only は、副詞であるだけでなく、数や量を表わす all, both, many, some, several のような「数量詞」(quantifiers) でもあるという仮説を提起します。Even や only が数量詞でもあると考えると、前節で提示した2つの問題は、たちまちにして解決します。まず、(1) と (2) をもう一度見てください。

(1)　a.　*John e-mailed, **too**, Mary.
　　　b.　*John e-mailed **also** Mary.
(2)　a.　John e-mailed **even** Mary.
　　　b.　He blamed **even** me.

(1a, b) の too や also は副詞ですから、一般の副詞と同様に、動

詞と短い目的語の間には位置することができません（これ以外の(1a, b) の不適格性の理由については、前章の「Too や also は動詞と目的語の間に置けるか？」の節を参照）。しかし (2a, b) では、even が Mary や me を修飾する数量詞で、[even Mary], [even me] は、単一構成要素の名詞句（目的語）を形成しています。したがって、動詞と目的語の間に副詞の介在はありませんから、(2a, b) は何の問題もない適格文というわけです。同じことが only を用いた次の文にも当てはまります。

(6) a. John e-mailed [**only** Mary].
  b. Mary blamed [**only** me].

そして、(2a, b) や (6a, b) で、even や only の修飾ターゲットが Mary や me であることは、even や only が数量詞であるということから自動的に説明できます。

次に、(4a, b)（以下に再録）を見てみましょう。

(4) a. **Even** John e-mailed Mary.
  b. John **even** e-mailed Mary.

(4a) の Even John は、(2a, b) の even Mary, even me と同様に、単一構成要素の名詞句（この場合は主語）を形成しています。したがって、even は John を修飾ターゲットとする数量詞です。

それでは、どうして (4b) で even は John をその修飾ターゲットとすることができるのでしょうか。それは、数量詞である even が、次に示すように主語名詞句から「遊離」しているためです。つまり、「数量詞遊離」(quantifier float) が起きていることになります。

(7) [even John]　　⇒　　[___ John] even

これは、数量詞 all や both が、修飾する主語名詞句から離れて、その後ろに置くことができるのと同様です（第9章参照）。次の例文を見てください。

(8) a. [**All** the boys] enjoyed watching the movie.
　　b. [The boys] **all** enjoyed watching the movie.
(9) a. [**Both** my parents] visited Paris.
　　b. [My parents] **both** visited Paris.

したがって、(4b)（=John **even** e-mailed Mary.）で、even が先行要素の John を修飾ターゲットとできるのは、(4a) の [even John] という名詞句の even が、John から遊離しているだけです。そして、その修飾関係は、(8)、(9) の (a) と (b) がそれぞれ同じ意味を表わすのと同様に、何ら変わっていないということから説明されます。

　数量詞は、それが修飾する名詞句の直後だけでなく、次のように助動詞の後ろにも遊離します（第9章参照）。

(10) a. [The students] will **all** come to the party tonight.
　　 b. [My parents] have **both** visited Paris.

そして even も、次に示すように、主語の John から遊離して、その直後だけでなく、助動詞と動詞の間や、助動詞が2つ以上ある場合はその間に置くことができます。

(11)　Mike and Tom will e-mail Mary.
　　a.　√John **even** will e-mail her.
　　b.　√John will **even** e-mail her.
(12)　Mike and Tom should have sent an apology letter to Mary.
　　a.　√John **even** should have sent an apology letter to her.
　　b.　√John should **even** have sent an apology letter to her.
　　c.　√John should have **even** sent an apology letter to her.
　　d.　*John should have sent **even** an apology letter to her.

（11a）と（12a）では、even が John の直後に遊離しており、この遊離は、先ほど説明したように適格です。（11b）と（12b）では、even が最初の助動詞 will, should の直後にあり、これらの例も even が John を修飾ターゲットとする解釈として適格です。また（12c）では、even が 2 つ目の助動詞 have と動詞 sent の間にあり、この場合も、even が John を修飾ターゲットとする解釈が可能です。しかし（12d）の even は、動詞と助動詞の間にも助動詞と助動詞との間にも現われていませんから、主語から遊離した数量詞という解釈を受けることができません。他方、遊離を受けていない数量詞は、当然のことながら、後続する名詞句を修飾ターゲットとすることができますから、この文の even は、後続する名詞句 an apology letter to her を修飾する数量詞という解釈しかできません（【付記 1】参照）。

（12a-d）の適格性と同じことが、次に示すように、たとえば数量詞 all の遊離についても言えます。

(13) a.　√Her students **all** should have sent an apology letter to her.
　　b.　√Her students should **all** have sent an apology letter to her.
　　c.　√Her students should have **all** sent an apology letter to her.

d. *Her students should have sent **all** an apology letter to her.

したがって、even が数量詞であり、数量詞遊離が（11a, b）や（12a-c）で起きているという私たちの主張は、（12a-d）の適格性が（13a-d）の適格性と同じであるという事実から裏づけられると考えられます（なぜ（13a-c）が適格で、（13d）が不適格かの説明は、第9章を参照ください）。

　Even を数量詞と見なすことにはもうひとつの利点があります。数量詞遊離は次の（14a, b）に示すように、叙述する述部が後に続かない目的語には適用されません（第9章参照）。Even も同様で、次の（15a, b）に示すように、目的語に先行する even は、その目的語の後ろには現われないという事実を説明することができます。

（14）a.　I e-mailed **all** my classmates yesterday.
　　　b. *I e-mailed my classmates **all** yesterday.
（15）a.　I e-mailed **even** Mary yesterday.
　　　b. *I e-mailed Mary **even** yesterday. [even Mary の解釈がないという意味で *]

　上では、even が、all のような数量詞と統語的に同様の振る舞いをするため、数量詞であるとしましたが、意味の点でも、**even the boys**（その少年たちでさえ）や **even** my parents（私の両親でさえ）のような表現は、「他の人たちに加えて」とか「他の人たちは言うまでもなく」ということを示唆して、ある事象に関与する人の数を示していると言えます。**Only** the boys（その少年たちだけ）や **only** my parents（私の両親のみ）も同様です。

　以上から、even や only が数量詞としての機能も持っており、

even は、all などの数量詞と同様に、遊離すると考えることは、十分根拠があり、説得力のある仮説だと思います。(Only が遊離機能を持っているかどうかは、後ほど「Only の修飾ターゲットは？」の節で考察します。)

● 副詞としての even と付加

本章冒頭の節で、(4b) には、even が先行要素の John だけでなく、後続要素もその修飾ターゲットとする解釈があることを指摘しました。それらの解釈をまとめた (5) をもう一度見てみましょう。

(5) John **even** e-mailed Mary. (=4b)
    a. √修飾ターゲット =**John**：Mike や Bill だけでなく、John でさえ
      (i) Mike and Bill e-mailed Mary. √John **even** e-mailed her.
    b. √修飾ターゲット =**e-mailed**：手紙やファックスだけでなく、メールさえ
      (ii) John sent a letter and a fax to Mary. √He **even** e-mailed her.
    c. √修飾ターゲット =**Mary**：Jane や Susan にだけでなく、Mary にさえ
      (iii) John e-mailed Jane and Susan. √He **even** e-mailed Mary.
    d. √修飾ターゲット =**e-mailed Mary**：Jane に手紙を書き、Susan に電話をするだけでなく、Mary にメールを送ることさえ
      (iv) John wrote a letter to Jane, and phoned Susan. √He

even e-mailed Mary.

(5i) の解釈が可能なのは、前節で説明した通り、数量詞としての even の遊離機能に起因しますが、それでは、(5ii-iv) の解釈はどのように説明されるのでしょうか。

　この点は、even が数量詞だけでなく、副詞でもあり、also と同様に、後続要素の動詞句 (e-mailed Mary の上位節点) に付加した次の構造から説明できます。

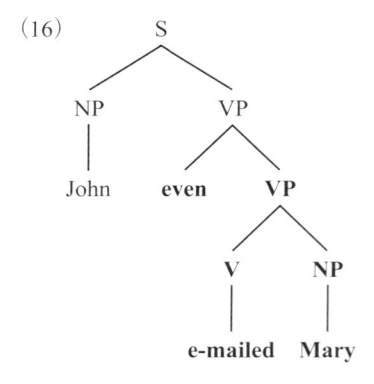

(16)
```
              S
            /   \
          NP     VP
          |     /  \
        John  even  VP
                   /  \
                  V    NP
                  |    |
              e-mailed Mary
```

ここで、e-mailed の上位節点 V は XP レベルの節点ではありませんから、too や also と同様に、even が V に付加する構造はないことに注意してください。そして (16) の構造から、(5ii)-(5iv) の3つの解釈が得られます。

● 文末に位置する even

　Even は、文末に位置して、その先行要素を修飾ターゲットとすることができます。この場合、even の前にはコンマが置かれ

ますが、発音の際には、even の前にポーズ(休止)がなくても構いません。ただ、この even の文末用法は、稀な用法で、括弧内に示した表現の方が一般的です。

(17)　He <u>cried</u>, **even**.（=He **even** <u>cried</u>.）
(18)　Speaker A: Mary can play the violin.
　　　Speaker B: <u>John</u> can do that, **even**.（=**Even** <u>John</u> can do that.）

(17),(18)では、even がそれに先行する自動詞 cried や主語の John をその意味的修飾ターゲットとしています。また、次のような文では、even がそれに先行する文全体をその修飾ターゲットにしています。

(19) a.　It was cold yesterday. The wind was blowing hard. <u>It was snowing</u>, **even**.
「昨日は寒かった。強風が吹いていた。雪が降ってさえいた。」
　　b.　So many bad things happened last week. Our house was broken into. My wife had a car accident. <u>I was laid off</u>, **even**.
「悪いことが先週はたくさん起こった。家に泥棒に入られ、妻が交通事故に遭い、私が解雇されさえした。」

It was cold yesterday.　　The wind was blowing hard.　　It was snowing, **even**.

　このように、even が文末に位置して、その先行要素や先行文全体を修飾ターゲットとすることは、even が先行文の S 全体に付加する構造から説明できます。たとえば、(18B) と (19a) の関係する部分の樹形図を示すと、次のようになります。

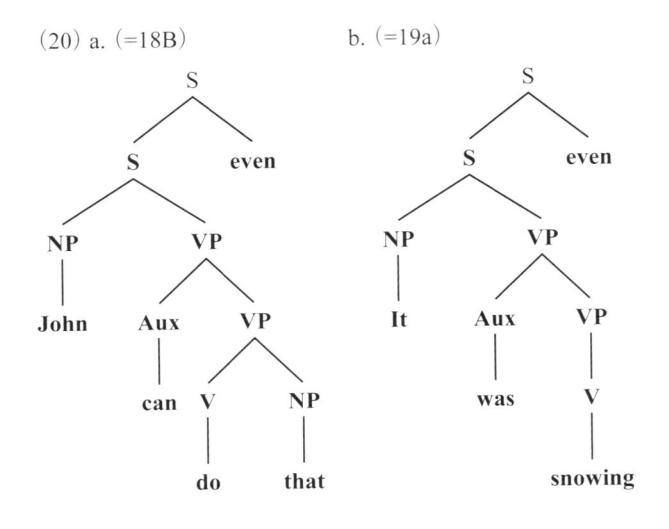

(20) a. (=18B)　　　　　　b. (=19a)

(20a) で、主語の John は、even が付加されている構成要素 S (=構文法的修飾ターゲット) の最下位の単語連続 (1語ですが) なので、even の意味的修飾ターゲットとなります。また (20b) では、it was snowing の上位節点 S に even が付加されているので、この文全体の it was snowing が even の意味的修飾ターゲットとなります。

● Even は S 以外の先行要素には付加できない

前節で見たように、even は文末に位置して、先行する文全体 (S) に後ろから付加することはできますが、S 以外の構成要素には後ろから付加することができません。この点は、次のような文が不適格なことから明らかです。

(21) a. *He cried **even** yesterday.
 b. *John e-mailed Mary **even** last night.
 c. *He e-mailed Mary **even** last night.
 d. *I worked on Sundays **even** last year.

これらの文では、even は、後続要素の副詞句を修飾ターゲットとする解釈のみ可能で、先行要素の下線部を修飾ターゲットとする解釈はありません。なぜなら、もし even が先行する動詞句に付加することができるのなら、(21a-d) はすべて適格文であるはずだからです。さらに (21c) が不適格であることは、even が名詞句にも付加できないことを示し、(21d) が不適格であることは、even が前置詞句にも付加できないことを示しています。

(21a-d) がすべて不適格であるという事実は、文末から先行する S に付加する even に、さらなる制約があることを示していま

す。(21a-d) で even に先行する単語連続、たとえば、(21b) の John e-mailed Mary は、それだけで完全な S です。それにもかかわらずこれらの文が不適格である、ということは、文末に現われる even は、そこで文が終わらなければならないことを示し、そのあとに文を修飾する副詞（たとえば、時や場所を表わす副詞）が現われることを許さない、という制約があることを示しています。(22) に示す文が不適格なのも、同じ理由によります。

(22) *It thundered and hailed **even** last night.
（cf. It thundered and hailed, **even**.）

(22) の文でも、even は last night を修飾ターゲットとする解釈のみ可能で、先行要素の下線部を修飾ターゲットとする解釈はありません。

● 文頭に位置する even

それでは、even は文頭には置くことができるのでしょうか。次の文を見てください。

(23) a. **Even** John e-mailed Mary.
    b. ***Even**, John e-mailed Mary.

(23a) は、すでに述べたように、even が主語の John のみを修飾ターゲットとする適格文です。そしてこの解釈は、even が John を修飾する数量詞であることから説明しました。一方、文頭の even のあとにコンマ（ポーズ）がある (23b) は不適格文です。Also は、前章の (19) (=**Also**, John e-mailed Mary.) で述べたよう

に、コンマ（ポーズ）を伴って文頭に置かれ、その後ろの文全体を修飾ターゲットとし、文副詞としての機能も持っています。しかし even には、also のような文頭に現われる文副詞としての機能はなく、そのため even は、後続文に前から付加することはできません。

● Even のまとめ

以上の考察から、even の修飾ターゲットに関して、次の仮説を立てることができます。

(24) a. **副詞 even の付加条件**：
   副詞 even は、文以外の後続する動詞句、形容詞句、前置詞句、副詞句（副詞が通常修飾することができる構成要素）にのみ付加して、それらを構文法的修飾ターゲットとする。ただし、even が文末に位置する場合は、S に後ろから付加する機能がある。この even の先行付加機能は、S に限られる。また、even は、そこで文が終わっているときにしかこの先行文付加の機能を持ち得ないので、そのあとに S を修飾する副詞や他の要素を加えることができない。

   b. **副詞 even の意味的修飾ターゲット**：
   副詞 even は、その構文法的修飾ターゲット全体、ならびにその下位構成要素を形成する最下位の単語連続（1 単語のケースも含む）を意味的修飾ターゲットとする。

   c. **even の数量詞機能**：
   even は、副詞だけでなく、数量詞としても機能するた

　　　　め、後続の名詞句を修飾ターゲットとしたり、その名
　　　　詞句から遊離して、その名詞句を修飾ターゲットとす
　　　　ることができる。

　以上から、even の特性は、その意味とともに次のような形で辞書に登録されていると指定することができます。

(25) **Even の辞書記載項目**
　　a. ［＋後続動詞句付加］［＋後続形容詞句付加］
　　　　［＋後続前置詞句付加］［＋後続副詞句付加］
　　b. ［＋先行文付加］（even が文末に現われ、そこで文が終わる場合のみ）
　　c. ［＋数量詞機能］［＋数量詞遊離機能］

(24) の仮説から、本章冒頭の (3)（以下に再録）で指摘した even の修飾ターゲットが説明できます（(3i)-(3iii) で even の意図された修飾ターゲットに下線を引いて示します)。

(3) John e-mailed **even** Mary.（=2a)
　　a. √修飾ターゲット＝**Mary**：Jane や Susan にだけでなく、
　　　　　　　　　　　　Mary に<u>さえ</u>
　　　(i)　John e-mailed Jane and Susan. √He e-mailed **even** <u>Mary</u>.
　　b. *修飾ターゲット＝**e-mailed**：手紙やファックスだけで
　　　　　　　　　　　　なく、メール<u>さえ</u>
　　　(ii)　John sent a letter and a fax to Mary. *He <u>e-mailed</u> **even** her.
　　c. *修飾ターゲット＝**John**：Mike や Bill だけでなく、John
　　　　　　　　　　　　<u>でさえ</u>

(iii) Mike and Bill e-mailed Mary.　*John e-mailed **even** her.

(3i)の解釈が可能なのは、すでに指摘したように、even が数量詞として機能しているためであり、(3ii), (3iii)の解釈が不可能なのは、even が文中では先行要素に付加できないためです。さらに、(3iii)の解釈が不可能なもうひとつの理由は、even が動詞と目的語の間にあり、この位置は、even が主語の John を修飾する数量詞だとした場合に遊離が許される位置ではないためです。

(3)(=2a)で、even の修飾ターゲットが動詞の e-mailed であるという解釈を得るためには、次のように even が動詞の前に置かれるか、文末に置かれなければなりません。

(26) a.　John **even** e-mailed Mary.
　　 b.　John e-mailed Mary, **even**.

(26a)の解釈は、副詞 even が後続の動詞句 e-mailed Mary に付加された構造から得られます((5ii)と(16)を参照)。また(26b)の解釈((26a)と同じ解釈ですが)は、even が先行文の John e-mailed Mary. の上位節点 S に付加された構造から得られます。

● Only の修飾ターゲットは？

私たちは上で、only は、even と同様に数量詞としても機能することを述べました。そのため、次の文が適格なのは、only が副詞ではなく、Mary や Paris を修飾ターゲットとする数量詞であるからだと説明しました。

(6) a.　John e-mailed [**only** Mary].

b. Mary blamed [**only** me].

副詞の too や also は、(1a, b)（=*John e-mailed, too, Mary. / *John e-mailed also Mary.）で見たように、動詞と短い目的語の間に介入することができません。しかし、(6a, b) の only は、動詞 e-mailed, blamed とその目的語 Mary, me の間に介入しているものの、副詞ではなくて、数量詞なので、これらの文が適格だというわけです。

さて、数量詞としての only は、even と同様に、数量詞遊離もするのでしょうか。All や both, each のような普遍数量詞は遊離しますが、many や most, several, some のような存在数量詞は遊離しません（第9章参照）。Only は、どちらのタイプの数量詞なのでしょうか。ここで、(11), (12) で観察した even の数量詞遊離例（以下に再録）と only の場合を比較してみましょう。まず、次の文を見てください。

(11) Mike and Tom will e-mail Mary.
 a. √John **even** will e-mail her.
 b. √John will **even** e-mail her.
(27) Mike and Tom will communicate with Mary some other way – like texting – if at all. They won't e-mail her.
 a. √John **only** will e-mail her.
 b. *John will **only** e-mail her.

(11a), (27a) はともに適格なので、even も only も、それらが修飾する名詞句の直後には位置しますが、(11b) が適格なのに対し、(27b) は不適格なので、even は、その名詞句から遊離して、助動詞と動詞の間に位置することができるものの、only はその名詞句から遊離して、助動詞と動詞の間に置くことはできないことが

分かります。

さらに次の例を比べてみましょう。

(12) Mike and Tom should have sent an apology letter to Mary.
   a. √John **even** should have sent an apology letter to her.
   b. √John should **even** have sent an apology letter to her.
   c. √John should have **even** sent an apology letter to her.
(28) Mike and Tom shouldn't have sent an apology letter to Mary.
   a. √John **only** should have sent an apology letter to her.
   b. *John should **only** have sent an apology letter to her.
   c. *John should have **only** sent an apology letter to her.

(12a) と (28a) はともに適格であるものの、even は、(12b, c) の適格性から分かるように、それが修飾する名詞句から離れて遊離しますが、only は、(28b, c) が不適格であることから、それが修飾する名詞句の直後には位置するものの、その名詞句から離れて遊離することはできません。したがって、only は、some や many, most のような数量詞と同様に、遊離はしないタイプの数量詞であると考えられます。

それでは、(27a) や (28a) のように、only が John の直後にあって、John を修飾ターゲットとする場合はどのように説明されるのでしょうか。それは、even とは異なり、only には、副詞として、先行する名詞句を修飾できる機能があり、(27a), (28a) が only のこの機能の用例であると考えることで説明づけられます。

(29)(=27a)

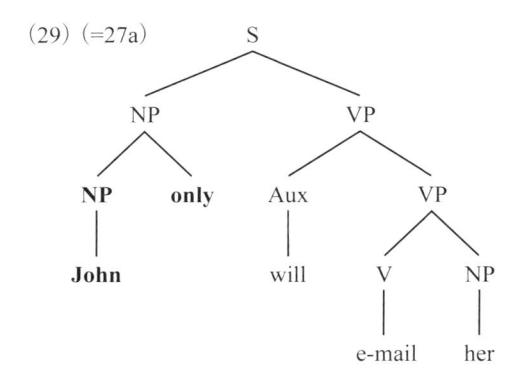

```
              S
           /     \
         NP       VP
        /  \     /  \
       NP  only Aux  VP
       |        |   /  \
      John     will V   NP
                    |   |
                 e-mail her
```

　次のような例も (27a) と同様で、副詞 only が、それに先行する名詞句に付加し、その結果、その名詞句が only の修飾ターゲットと解釈されます。

(30) a.　Employees **only** permitted beyond this area
　　 b.　Staff **only** (allowed) in this section
(31) a.　I visited London **only** this time.
　　 b.　We invited singles **only** to our Christmas dinner.

(30a, b) は、掲示などで用いられる表現ですが、副詞 only が、先行要素の employees, staff をその修飾ターゲットとしています。また (31a, b) でも、副詞 only が先行要素の London, singles をその修飾ターゲットとし、「私は今回、ロンドンだけ訪れた」、「私たちはクリスマスディナーに独身者だけ招待した」という意味になります。

　Only には、言うまでもなく、後続要素の前置詞句や副詞句に付加できる機能があります。したがって、(31a) には、「私は今回だけロンドンを訪れた（以前に行ったこともないし、もう二度

第7章　Too, Also と Even, Only（2）　173

と行くこともない）」、(31b) には、「私たちは独身者を<u>クリスマスディナーに</u>だけ招待した」という意味もあります。

　Only は、先行する前置詞、副詞句などにも付加して、それを修飾ターゲットとすることができます。次の例を見てください。

(32) a.　Before Dark **Only**（遊園地の入り口のサイン）
　　　　「暗くなってからの立ち入りはご遠慮ください」
　　b.　It works manually **only**.
　　　　「それは、手動でしか作動しない。」

(32a) では、only は、慣用前置詞句 before dark「暗くなる前に」に付加されています。(32b) では、only は副詞（句）（manually の上位節点）に付加されています（【付記２】参照）。

　以上から、(5)（=John **even** e-mailed Mary.）に対応する only を用いた文の解釈は次のように示され、その説明は以下のようになります。

(33) John **only** e-mailed Mary.
　　a.　√修飾ターゲット =**John**：John <u>だけ</u>が Mary にメールした。
　　　(i) √<u>John</u> **only** e-mailed Mary. Nobody else did.
　　b.　√修飾ターゲット =**e-mailed**：手紙やファックスではなく、メール<u>だけ</u>送った。
　　　(ii) John didn't send a letter or a fax to Mary. √He **only** <u>e-mailed</u> her.
　　c.　√修飾ターゲット =**Mary**：Mary に<u>だけ</u>メールを送った。
　　　(iii) √John **only** e-mailed <u>Mary</u>. He didn't e-mail anybody else.

> d. √修飾ターゲット＝**e-mailed Mary**：誰にも何もしなかったが、［Mary にメールを送る］だけはした。
>
> (ⅳ) John didn't do anything to anybody. √But he **only** e-mailed Mary.

(33ⅰ) の解釈は、even の場合と異なり、only が副詞として John に後ろから付加している構造から得られ、(33ⅱ)-(33ⅳ) の解釈は、even の場合と同様に、only が副詞として動詞句（e-mailed Mary の上位節点）に付加している構造から得られます。

● 文頭と文末の only

　最後に、only が文頭と文末にある場合を考えてみましょう。まず、文頭にある場合ですが、次の２文の適格性の違いは、even の場合と同様に説明できます（(23a, b) 参照)。

(34) a. **Only** John e-mailed Mary.
　　 b. ＊**Only**, John e-mailed Mary.

(34a) の only は数量詞で、John のみを修飾ターゲットとし、[Only John] が主語名詞句を形成しています。一方 (34b) では、only は also と異なり、even と同様に、後続文全体を修飾ターゲットとする文副詞としての機能はないので、この文は不適格です。

　次に、only が文末に位置する場合を考えてみましょう。Even の場合は、文末に位置して、先行する要素や先行文全体を修飾ターゲットとすることができましたが（(17)-(19a, b) 参照)、only はこれができません。次の例を見てください。

(35) *He cried, **only**.（cf. He **only** cried.）
(36) Teacher: Who has finished the assignment?
　　　Student: *John has done it, **only**.
　　　　　　　（cf. **Only** John has done it.）
(37) *I looked at the jewelry, **only**. I didn't touch it.
　　　（cf. I **only** looked at the jewelry. I didn't touch it.）
(38) Nothing happened today. I stayed at home all day watching TV. There was no telephone call or e-mail. No visitors at all. *A mailman came, **only**.
　　　（cf. A mailman came, that's all.）

(35) で、only が先行動詞の cried を修飾ターゲットとして、「彼は泣くだけした」という意味を表わすことはできません。同様に (36) でも、only が先行要素の主語 John を修飾ターゲットとして、「ジョンだけが宿題をやっている」という意味を表わすことができません。(37)、(38) でも同様です。(35)、(37) が不適格文であるという事実は、only が動詞句にも付加できないことを示しています。

　以上の考察から、only の辞書記載項目を次のように指定することができます。

(39)　**Only の辞書記載項目**
　　a. ［＋先行名詞句付加］［＋先行副詞句付加］
　　　［＋先行前置詞句付加］…
　　b. ［＋後続動詞句付加］［＋後続副詞句付加］
　　　［＋後続前置詞句付加］…
　　c. ［－先行文付加］［－後続文付加］［－先行動詞句付加］
　　d. ［＋数量詞機能］［－数量詞遊離機能］

そして、only の修飾ターゲットは、次の仮説を立てることで説明することができます。

(40) a. **副詞 only の付加条件**：
副詞 only は、文・名詞句以外の後続する句レベルの構成要素、文・動詞句以外の先行する句レベルの構成要素に付加して、それらを構文法的修飾ターゲットとする。

b. **副詞 only の意味的修飾ターゲット**：
副詞 only は、その構文法的修飾ターゲット全体、ならびにその下位構成要素を形成する最下位の単語連続（1 単語のケースも含む）を意味的修飾ターゲットとする。

c. **only の数量詞的機能**：
only は、副詞だけでなく、数量詞としても機能するため、後続の名詞句を修飾ターゲットとすることができる。しかし、その名詞句から遊離することはできない。

● 結び

私たちは前章と本章で、too, also, even, そして only の修飾ターゲットについて考察しました。Too と also は、ともに「〜もまた」という意味の副詞ですが、too は、先行する構成要素のみを修飾ターゲットとするのに対し、also は、先行する構成要素だけでなく、後続する構成要素も修飾ターゲットとすることを観察しました。そして、この点を次の仮説を提出して説明しました（前章の (33a, b) を参照）。

(41) a. **too と also の付加条件**：
too は、それに先行する句・文レベルの構成要素にのみ付加して、それを構文法的修飾ターゲットとするが、also は、それに先行する句・文レベルの構成要素だけでなく、後続する句・文レベルの構成要素にも付加して、それらを構文法的修飾ターゲットとする。

b. **too と also の意味的修飾ターゲット**：
too と also は、その構文法的修飾ターゲット全体、ならびにその下位構成要素を形成する最下位の単語連続（1単語のケースも含む）を意味的修飾ターゲットとする。

一方、even や only は、副詞としてだけでなく、数量詞としても機能することを示しました。そのため、too や also の副詞は、他の副詞と同様に、動詞と短い目的語の間に位置しないのに対し、even や only は、John e-mailed [**even/only** Mary]. のように、動詞の直後にあっても適格となることを示しました。そして、even と only の修飾ターゲットを次の仮説を提出して説明しました。

(24) a. **副詞 even の付加条件**：
副詞 even は、文以外の後続する動詞句、形容詞句、前置詞句、副詞句（副詞が通常修飾することができる構成要素）にのみ付加して、それらを構文法的修飾ターゲットとする。ただし、even が文末に位置する場合は、S に後ろから付加する機能がある。この even の先行付加機能は、S に限られる。また、even は、そこで文が終わっているときにしかこの先行文付加の機能を持ち得ないので、そのあとに S を修飾する副詞や他

の要素を加えることができない。

b. **副詞 even の意味的修飾ターゲット**：
  副詞 even は、その構文法的修飾ターゲット全体、ならびにその下位構成要素を形成する最下位の単語連続（1単語のケースも含む）を意味的修飾ターゲットとする。

c. **even の数量詞機能**：
  even は、副詞だけでなく、数量詞としても機能するため、後続の名詞句を修飾ターゲットとしたり、その名詞句から遊離して、その名詞句を修飾ターゲットとすることができる。

(40) a. **副詞 only の付加条件**：
  副詞 only は、文・名詞句以外の後続する句レベルの構成要素、文・動詞句以外の先行する句レベルの構成要素に付加して、それらを構文法的修飾ターゲットとする。

b. **副詞 only の意味的修飾ターゲット**：
  副詞 only は、その構文法的修飾ターゲット全体、ならびにその下位構成要素を形成する最下位の単語連続（1単語のケースも含む）を意味的修飾ターゲットとする。

c. **only の数量詞的機能**：
  only は、副詞だけでなく、数量詞としても機能するため、後続の名詞句を修飾ターゲットとすることができる。しかし、その名詞句から遊離することはできない。

コラム④

Toilet 考

　このコラムでは、toilet の意味について考察します。日本語の「便所」、「便器」という単語は、排泄行為を連想させない「トイレ」にとって代わられ、現在ではあまり使われなくなっていますが、「トイレ」は、「トイレのドアを開けた」のように、「便所」を指すのに用いられますし、「トイレの水を流した」のように、「便器」を指すのにも用いられます。よって、このコラムでは、「トイレ」の曖昧さを避けて、あえて、読者のみなさんに耳ざわりかもしれない「便所」、「便器」を用いて、toilet の意味を考えることにします。ただし、便所を指す他の表現(たとえば bathroom)を考察する場合には、「便器」解釈が介入してきませんので、「トイレ」を自由に使います。

　まず、次のアメリカ英語の辞典の toilet の項を見てみましょう。

(1) *Oxford American Dictionary – for learners of English*（Oxford University Press, 2011, 2012, 2013）
　　　a large bowl with a seat, attached to a pipe that you use when you need to get rid of waste material or water from your body
　　　［著者和訳］身体から、固形あるいは液体排泄物を取り除くとき使う、パイプに接続された座部の

ある大きなおわん型容器
We do not use toilet to talk about a room that has a toilet in it. Instead, we can use bathroom for any room that has a toilet in a house or a public building.
［著者和訳］便器が中にある部屋を指すのに toilet は使いません。その代わりに、住居あるいは公共の建物の中の、便器が中にあるどんな部屋を指すのにも、bathroom を使うことができます。

　Longman Dictionary of American English（1st edition 1983, 4th edition 2008）にも、同様の記述があります。この二つの辞典は、はっきりと、アメリカ英語の toilet には、「浴室・便所」の意味はない、と定義しています。
　さらに、米語辞典とは銘うっていない次の辞典の toilet についての記述を見てください。

(2)　*Longman Dictionary of Contemporary English*（第5版、Longman Group Ltd., 2009）
　　1.　a large bowl that you sit on to get rid of waste liquid or waste matter from your body
　　　［著者和訳］身体から排泄液体あるいは排泄固体を取り除くために腰掛ける大きいおわん型容器
　　2.　(British English) a room or building containing a toilet
　　　［著者和訳］中に toilet がある部屋か建物

第1語義は、日本語の「便器」に相当します。この辞書は、第

2語義にあるように、イギリス英語では、toilet が「便所」の意味で用いられると書いています。ということは、アメリカ英語では toilet は「便所」の意味では用いられないことを示唆しています。次の辞典の toilet の項の注記では、このことが、もっと明確、断定的に書かれています。

(3) *Oxford Advanced Learner's Dictionary*（第 8 版、Oxford University Press, 2010）
注記：In British English, but not in North American English, the room that has a toilet in it is usually referred to as a toilet.
［著者和訳］イギリス英語では、中に便器のある部屋は、通常 toilet と呼ばれるが、北米英語ではそう呼ばれることはない。
In North American English, the room that contains a toilet is usually called the bathroom, never the toilet.
［著者和訳］北米英語では、中に便器のある部屋は通常 bathroom と呼ばれる：toilet と呼ばれることは決してない。

上記の4つの辞典は、toilet は、イギリス英語では「便器」の語義と「便所」の語義があるが、アメリカ英語では、「便器」の語義しかない、とはっきりと、断定的に記述しています（【付記】参照）。「トイレ」というどちらの語義にも使える便利な語彙をもっている言語を話す日本人は、英国に旅行、あるいは滞在するときには、toilet という単語の使用に神経質になる必要はありませんが、北米に旅行、滞在するときには、ゆめゆめ、

この単語を「便所」の意味で使わないよう、注意しなければなりません。なぜなら、北米で Where is the toilet? と尋ねたら、「便器はどこにありますか？」というこの上もなく恥ずかしい質問になってしまうからです。

　それでは、英和辞典では、toilet の語義はどのように記述されているのでしょうか。1990 年代以前に出版された英和辞典では、『ジーニアス英和辞典』（改定版 5 版、大修館書店、1998）を含めて、toilet に、「便所」と「便器」の語義の両方があるという記述が多く、アメリカ英語に「便所」の意味がない、という記述をしているものは、見つかりませんでした（これは、英英辞典でも同様でした）。

　中には、『研究社新英和大辞典』（第 5 版 22 刷り、研究社、1991）のように、「便所」の語義だけが登録されていて、「便器」の語義があげられていないものもありました。

　ところが、2000 年代以降に出版された英和辞典の多くに、上にあげた英英辞典の記述ほど断定的ではありませんが、「toilet の「便所」の語意は、「主にイギリス英語」に限られる」という旨の記述が登場します。『ジーニアス英和辞典』（第 4 版、2006、第 5 版、2014）、『研究社大英和辞典』（第 6 版、2002）、『スーパー・アンカー英和辞典』（第 4 版、学習研究社、2009）や『ウィズダム英和辞典』（第 3 版、三省堂、2013）がその例です。特に『フェイバリット英和辞典』（第 3 版、東京書籍、2005）は、toilet に、「便器」という語意と主にイギリス英語に、「トイレ、（水洗）便所（《米》では bathroom の方がふつう）」という語意定義を与えたあとで、「日本語の「トイレ」は日常的に使う言葉だが、英語の toilet はふつう「便器」そのものを指すので注意が必要」という、アメリカ英語の toilet については極めて適切な記述を与えています。

上に述べたように、『ジーニアス英和辞典』(第4版、2006、第5版、2014)は、旧版の、アメリカ英語の toilet に「便所」の意味がある、という記述を修正した点では、旧版と比べて大きな進歩を示しているわけですが、それがあげている例文の説明に問題があるので、以下にどこに問題があるかを説明します。

(4)　『ジーニアス英和辞典』(第5版、2014)
　　1.　《主に英》便所、トイレ(《米》bathroom)；洗面所、化粧室；《英》[〜s]　公衆トイレ(《米》restroom, ladies' [men's] room)‖ go to the toilet《主に英》トイレへ行く／flush the toilet トイレの水を流す／Where can I find the toilet? トイレはどこにありますか《◆これは直接的に響くので Where is the bathroom? ／Where can I wash my hands? ／Where can I find the men's [ladies'] room? などと遠回しの表現を用いる》
　　2.　便器　(〜 bowl)

アメリカ英語で Where can I find the toilet? が直接的に響くのは、それが、すでに述べたように、「便所はどこにありますか」を意味するからではなく、「便器はどこにありますか」を意味するからです。イギリス英語の toilet には上記のように、「洗面所、化粧室」の意味もあります。ですから、イギリス英語の Where can I find the toilet? は、この意味での toilet を用いていると考えれば、すでに間接的な表現となり、適格文であるはずです。この予測のとおり、イギリス英語を母語とする

私たちのネイティヴスピーカー・コンサルタントたちは、この文がまったく問題のない文だと判断しました。そのうちの一人は、もし誰かに、Where can I find the bathroom? と尋ねられたら、この人はアメリカ英語を話す人だな、と思うと答えました。

　アメリカ英語で、便所のことを bathroom と呼ぶのは、もちろん、アメリカの普通の家屋に、少なくとも一つ、浴槽と水洗便器が共存している浴室があるからです。便器だけの部屋も bathroom ですが、貸家や売り家の広告のように正確な記述が必要な場合には、half bathroom という表現が使われます。2階に full bathroom（浴槽と水洗便器がある部屋）があって、1階に half bathroom があるような家は、たとえば、"a 3 bedroom house with 1.5 bathrooms" として記載されます。余談になりますが、浴室に浴槽と水洗便器があるため、米国の家庭では、便器がきたない、という感覚があまりありません。通常の家庭では、浴室が使われていないときは、ドアを開け放しにしてあります。逆に言えば、ドアが閉まっていれば、浴槽か便器が使用中というサインになります。米国に旅行、あるいは滞在して、個人の家庭で開かれたパーティーや食事に招かれたときは、トイレの使用後、ドアを閉めないようにする注意が必要です。ただし、その家庭が、近年（たとえば、ホスト夫妻の代、両親の代、あるいは、祖父母の代に）アジアやヨーロッパから移住してきた家庭の場合には、祖国の慣習が忘れられることなく続いていることもあり得ますから、微妙な判断が必要になります。

　著者の一人は、この慣習の違いがもたらす問題を何度も目撃した経験があります。個人の家庭で開かれたパーティーに招かれて、必要にせまられてトイレに向かうのですが、トイレのド

アが閉まっていて、すでにその前で誰かが待っています。いったんパーティーに戻って、数分後にまたそこに行くのですが、同じ人がまだそこで待っています。電灯のスイッチを見ると、夜なのにトイレの灯かりがついていません。それで、その人に、トイレは開いていますよ、と教えてあげるというような状況です。これは、アメリカの家庭のトイレを使ったあとは、ドアを半ば開けておくものだ、という慣習（および、この慣習のため、ドアが閉まっていれば使用中と思い込んで、それ以上の詮索をしない人がいるということ）、アメリカには、そういう慣習のない国からの移民や、一時滞在者や、旅行者が多いということと、トイレのドアが閉まっているとき、ドアをノックするのは、中の人に失礼だという礼儀作法との相互作用でたびたび起きる不便な出来事です。

　先に、アメリカ英語で、家屋の、便器と洗面台しかない部屋も bathroom（正確な記述を必要とする場合には、half bathroom）と呼ばれることを書きました。英和辞典の多くに、この単語が、公共の便所には用いられないことを暗示するような記述が見られますが、bathroom は、(1) の *Oxford American Dictionary – for learners of English*（Oxford University Press, 2011, 2012, 2013）が "We can use **bathroom** for any room in a house or public building" と明記しているように、公共の便所を指すのにも自由に使うことができます。したがって、米国のホテルのロビーや、オフィスビルディングで Where can I find the bathroom? と尋ねることに、何の問題もありません。公園でこの質問をしても構いません。また、多くの英和辞典で、公共の便所を指すのに、restroom のほかに、lavatory も使うことができると書いてありますが、この単語は、アメリカでは通じない、と考えたほうが安全です。

最後に、アメリカ英語のネイティヴスピーカーが、toilet の正しい用法、間違った用法を含む文について、どういう適格性判断をするか調べてみましょう。次の文を見てください。

(5) a.　√I heard the toilet flushed.
　　　　「水洗便器の水が流れる音が聞こえた。」
　　b.　√The toilet of this half bathroom is much smaller than the one in the upstairs bathroom.
　　　　「この便所の水洗便器は、2階の浴室の水洗便器よりずっと小さい。」
　　c.　*I opened the door of the toilet.
　　　　「* 水洗便器のドアを開けた。」
　　d.　cf.√This bathroom is much smaller than the one next to our bedroom.
　　　　「この浴室は、私たちの寝室の隣りの浴室よりずっと小さい。」
　　e.　??This toilet is a little larger than the one next to our daughter's bedroom.
　　　　「?? この水洗便器は、娘の寝室の隣りの水洗便器より少し大きい。」

「便所・浴室」を水洗するわけにはいきませんから、(5a) の toilet は明らかに「水洗便器」を意味します。(5b) の the toilet は、「便所」(half bathroom) の中にあるものを指し、the one (= the toilet) は、浴室 (bathroom) の中にあるものを指していますから、どちらも明らかに「水洗便器」を意味します。この二つの文が適格文であることは、当然のことなが

ら、アメリカ英語の toilet に「(水洗)便器」の意味があることを証明します。

　アメリカ英語のネイティヴスピーカーの大部分が、(5c) を不適格文と判断します。それは、水洗便器には、ドアがついていないからに違いありません。(5d) で「寝室の隣にある bathroom (浴室・便所)」ということは意味をなしますが、水洗便器が丸出しで寝室の隣りにあるわけではありませんから、「寝室の隣にある水洗便器」ということは、意味をなしません。ネイティヴスピーカーが (5e) を不適格に近い文と判断するということも、toilet には「浴室・便所」の意味がない、ということを証明します。彼らが、(5e) を完全に不適格と判断しないのは、この、「寝室の隣にある水洗便器」という概念が意味をなさない、という判断が、(5b) で「この浴室の便所」が意味をなさないと判断するより複雑な思考過程を経なければならないことに起因しているものと考えられます。したがって、(1-4) にあげた「アメリカ英語の toilet には、「便所」の語意はない」という定義が、実際に、アメリカ英語の話し手がこの単語についてもっている語感とも一致しているわけです。

副詞の修飾ターゲットと省略

第8章

● 同じ答え方なのになぜ？

まず、次の会話文を見てみましょう。

(1) Speaker A: I know that John e-mailed you. Did Bill e-mail you, **too**?

Speaker B: a. Yes, he e-mailed me, **too**.
b. Yes, he did ϕ, **too**.
c. Yes, he did ϕ.

(2) Speaker A: I know that Bill e-mailed John. Did he e-mail you, **too**?

Speaker B: a. Yes, he e-mailed me, **too**.
b. *Yes, he did ϕ, **too**.
c. Yes, he did ϕ.

(1) の会話では、話し手 (A) の質問に対して、話し手 (B) は、(a), (b), (c) に示されているように、3通りの答えをしています。(a) では、完全な文 Yes, he e-mailed me, too. と答え、(b) では、動詞句の部分 (= e-mail me) を省略して、Yes, he did ϕ, too. と答え、(c) では、さらに too も省いて Yes, he did ϕ. とのみ答えています。これら3つの文は、すべて話し手 (A) の質問に対する適格な答えです。(2) の会話でも、話し手 (B) は、(1) の場合とまったく同じ答え方をしています。(a) と (c) は、話し手 (A)

の質問に対する適格な答えですが、不思議なことに、(b) の動詞句を省略した *Yes, he did φ, too. は、不適格で、容認されません。これはなぜでしょうか。私たちは第 6 章と第 7 章で、too, also, even, only の修飾ターゲットについて考察しましたが、(1Bb) の適格性と (2Bb) の不適格性は、too の修飾ターゲットと何らかの関係があるのでしょうか。

さらに次の会話文を見てみましょう。

(3) Speaker A_1:　　Does John work on Saturday?
　　Speaker B_1:　　Yes, he does φ.
　　Speaker A_2:　　Does Bill **also** work on Saturday?
　　Speaker B_2: a. Yes, he **also** works on Saturday.
　　　　　　　　　b. Yes, he **also** does φ.

話し手 (A_2) の質問 (=Does Bill **also** work on Saturday?) に対して、話し手 (B_2) は、省略を含まない (a) の Yes, he **also** works on Saturday. と答えられるだけでなく、動詞句の work on Saturday を省略して、(b) のように、Yes, he **also** does φ. と答えることもで

きます。

しかし次の会話文を見てください。

(4)　Speaker A$_1$:　　Does John work on Saturday?
　　　Speaker B$_1$:　　Yes, he does ϕ .
　　　Speaker A$_2$:　　Does he **also** work on Sunday?
　　　Speaker B$_2$: a.　Yes, he **also** works on Sunday.
　　　　　　　　　 b. * Yes, he **also** does ϕ .

話し手（A$_2$）の質問（=Does he **also** work on Sunday?）に対して、話し手（B$_2$）は、省略をしないで、(a) のように Yes, he **also** works on Sunday. と答えることはできますが、動詞句を省略して、(b) のように、*Yes, he **also** does ϕ . と答えることはできません。話し手（B$_2$）の答え方 (b)（=Yes, he **also** does ϕ .）は、(3) と (4) でまったく同じなのに、どうしてこのように適格性に違いが生じるのでしょうか。

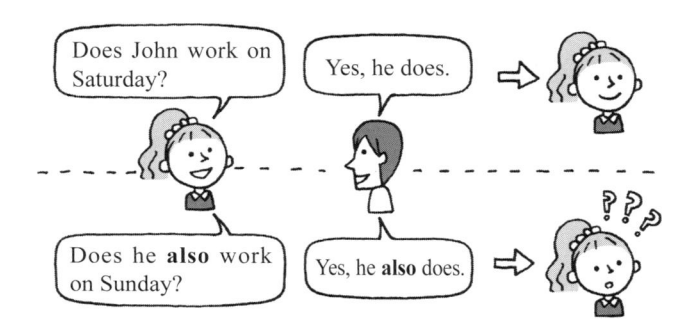

本章では、このような省略現象を考察し、第 6 章と第 7 章で扱った too や also, even や only のような副詞の修飾ターゲットが

省略とどのように関わっているかを明らかにしたいと思います。また、副詞の修飾ターゲットが文中に2つ以上ある場合に、省略に関してどのような現象が生じるかも考えたいと思います。

● 修飾ターゲットが省略されているかどうか

まず、前節で問題となった（1Bb）の適格性と（2Bb）の不適格性を、該当する部分と省略のプロセスを以下に示して考えてみましょう（修飾ターゲットに下線を引いて示します）。

(5) Speaker A: I know that John e-mailed you. Did <u>Bill</u> e-mail you, **too**?
　　Speaker B: Yes, <u>he</u> did [e-mail me], **too**.

$$\downarrow$$
$$\sqrt{\phi}$$
［too の修飾ターゲットではない］

(6) Speaker A: I know that Bill e-mailed John. Did he e-mail <u>you</u>, **too**?
　　Speaker B: *Yes, he did [e-mail <u>me</u>], **too**.

$$\downarrow$$
$$*\phi$$
［too の修飾ターゲット］

(5) の話し手 (A) は、第2文で「ビルも君にメールを送ったのか」と尋ねています。つまり、too の修飾ターゲットは、主語の Bill です。話し手 (B) の答え Yes, he did ϕ, too. は、その修飾ターゲットである he を残し、修飾ターゲットではない e-mail me を省略し

ています。一方、(6)の話し手（A）は、第２文で「彼は君にもメールを送ったのか」と質問しています。つまり、too の修飾ターゲットは、目的語の you です。話し手（B）の答え Yes, he did [e-mail me], too. は、その修飾ターゲットである me (=you) を省略してしまっています。したがって、<u>too を含む文では、その修飾ターゲットが明示されていなければならず、それを省略することはできない</u>、ということになります。ここで、話し手（B）が、(5)でも (6) でも、too を入れずに、Yes, he did φ. とのみ答えた場合は、(1Bc), (2Bc) で見たように適格ですから、too を入れなければ、質問者の too の修飾ターゲットを省略しても構わないということになります。

前節の (3) と (4) でも同じことが起こっています。まず、(3)の該当する部分と省略のプロセスを以下に示して考えてみましょう。

(7) Speaker A₂: Does <u>Bill</u> **also** work on Saturday?
    Speaker B₂: b. Yes, <u>he</u> **also** does [work on Saturday].

                      ↓

                    √φ

        [also の修飾ターゲットではない]

(7) の話し手（A₂）は、「（ジョンだけでなく）ビルもまた土曜日に仕事をするか」と尋ねています。つまり、also の修飾ターゲットは、主語の Bill です。話し手（B₂）の答え Yes, he **also** does φ. は、その修飾ターゲットである he を残し、修飾ターゲットではない work on Saturday を省略しています。よって、この省略は適格です。

  一方、(4) の場合を見てみましょう。

(8) Speaker A₂:　　Does he **also** work on Sunday?
　　 Speaker B₂: b.＊Yes, he **also** does [work on Sunday].

$$*\phi$$
[also の修飾ターゲット]

(8) の話し手（A₂）は、「（ジョンは土曜日だけでなく）日曜日も仕事をするか」と尋ねています。つまり、also の修飾ターゲットは、副詞句の on Sunday です。話し手（B₂）の答え Yes, he **also** does ϕ. は、その修飾ターゲットを省略してしまっています。よって、この省略は不適格となります。

● Even や only の修飾ターゲットも同じ

　Too や also の修飾ターゲットが省略できないことを見てきましたが、even や only の修飾ターゲットでも同様のことが見られます。まず、even ですが、even の修飾ターゲットは省略されず、修飾ターゲットではない動詞句が省略される場合は、次のように適格です。

(9) Mary can play the piano, and
　　a.　**even** her three-year-old sister can play it.
　　b.　**even** her three-year-old sister can ϕ.

(9) では、「メアリーはピアノを弾くことができ、さらに彼女の３歳の妹でさえピアノを弾くことができる」と述べているので、even の修飾ターゲットが her three-year-old sister であることは明らかです。(9b) では、その修飾ターゲットが明示され、省略さ

れた play it は、even の修飾ターゲットを含んでいないので適格です。

一方、次の会話文を見てください。

(10) Speaker A_1:　　Does John work on Saturday?
　　　Speaker B_1:　　Yes, he does ϕ .
　　　Speaker A_2:　　Does he **even** work <u>on Sunday</u>?
　　　Speaker B_2: a.　Yes, he **even** works <u>on Sunday</u>.
　　　　　　　　　 b. *Yes, he **even** does ϕ .

(10) の話し手（A_2）は、「（ジョンは土曜日だけでなく）<u>日曜日でさえ仕事をするか</u>」と尋ねています。つまり、even の修飾ターゲットは、on Sunday です。話し手（B_2）の答え Yes, he **even** does ϕ . は、その修飾ターゲットを省略しているため、不適格です。

Only に関する次の会話文も見てみましょう。

(11) Speaker A:　　Did **only** <u>Mary</u> pass the exam?
　　　Speaker B: a.　Yes, **only** <u>she</u> passed it.
　　　　　　　　 b.　Yes, **only** <u>she</u> did ϕ .
(12) Speaker A:　　Do these flowers **only** grow <u>in Hawaii</u>?
　　　Speaker B: a.　Yes, they **only** grow <u>in Hawaii</u>.
　　　　　　　　 b. *Yes, they **only** do ϕ .

(11) で話し手（A）は、「<u>メアリーだけが試験に受かったのか</u>」と尋ねています。つまり、only の修飾ターゲットは Mary です。話し手（Bb）の答えでは、その修飾ターゲットを省略していませんから、この文は適格です。一方、(12) の話し手（A）は、「この花は<u>ハワイでだけ咲くのか</u>」と尋ねています。つまり、only の

修飾ターゲットは in Hawaii です。話し手（Bb）の答えでは、その修飾ターゲット in Hawaii を省略しているため、この文は不適格です。

以上から、次の制約を立てることができます。

(13) **Too, also, even, only の修飾ターゲット明示制約**：
副詞 too, also, even, only の修飾ターゲットが明示されていない文は、不適格である。

● 他の副詞表現は？

これまで4つの副詞の修飾ターゲットを考え、(13)の修飾ターゲット明示制約を提出しましたが、この制約は他の副詞表現にも当てはまるのでしょうか。実は、普通の副詞表現は、その修飾ターゲットが明示されなくても構いません。まず、次の会話を見てください。

(14) Speaker A: **How** did your boss treat you?
　　Speaker B: a. He treated me **unkindly**.
　　　　　　　b. He did φ **unkindly**.
　　　　　　　c. φ **Unkindly**.

話し手（A）の「社長は君をどのように扱ったのか」という質問に対して、話し手（B）は、「社長は私を不親切に（冷たく）扱った」と答えているので、様態を表わす副詞 unkindly は、treated me を修飾しており、treated me が unkindly の修飾ターゲットです。しかし、(14Bb, c) は適格です。したがって、unkindly の修飾ターゲットは省略することができ、明示する必要がないことが

分かります。

　手段や時を表わす副詞表現でも同じことが言えます。次の文を見てみましょう。

(15) a.　Mary came to the party **by taxi**, and Sue came to the party **by bike**.
　　 b.　Mary came to the party **by taxi**, and Sue did φ **by bike**.
(16) a.　John read *Hamlet* **last month**, and Mike read it **this month**.
　　 b.　John read *Hamlet* **last month**, and Mike did φ **this month**.

(15a) の手段を表わす副詞句 by bike（自転車で）は、動詞句 came to the party をその修飾ターゲットとしています。この動詞句は、(15b) の適格性が示すように、明示される必要がありません。同様に、(16a) の時を表わす副詞句 this month は、動詞句 read it をその修飾ターゲットとしています。この動詞句も、(16b) の適格性が示すように、明示される必要がありません。

　程度を表わす副詞についても同様のことが言えます。たとえば次の会話を見てください。

(17) Speaker A:　Dorothy practices the piano **twice** as hard as anybody else.
　　 Speaker B:　No, **three times** φ .

(17B) の程度を表わす副詞 three times の修飾ターゲットは、as hard as anybody else ですが、この修飾ターゲットを省略しても何の問題もありません。

　さらに、単独では普通用いられることがないと言われている very でさえ、くだけた会話では、その修飾ターゲットが明示され

ないで用いられます。

(18) Speaker A: Are you tired now?
　　　Speaker B: Yes, **very** φ .

(18B) の副詞 very の修飾ターゲットが tired であることは明らかですが、それも明示しなくても構いません。

　以上から、普通の副詞表現は、その修飾ターゲットが明示される必要がないことが分かります。したがって、(13) の制約は、too や also, even や only などに限られる特筆すべき制約ということになります。

● 両者はどこが違うのか？

　それでは、普通の副詞表現と、先に観察した too, also, even, only のような副詞とは、一体どこが違うのでしょうか。ひとつ気がつく大きな違いとして、普通の副詞表現は、(18B) の very がそうであるように、それだけで単独で用いることができ、独立性が極めて高いのに対し、too, also, even, only などは、その修飾ターゲットなどと常に一緒に用いられ、単語としての自立性、独立性が低いという点があげられます。したがって、普通の副詞表現は、次の (B) 文がすべて適格であるように、単独で用いられます。

(19) Speaker A: Does your boss treat his employees **equally**?
　　　Speaker B: Yes, **equally**.
(20) Speaker A: Did your father drive the car **carefully**?
　　　Speaker B: Yes, **carefully**.
(21) Speaker A: Did you go to the concert **by taxi**?

　　　　　Speaker B:　　Yes, **by taxi**.
(22) Speaker A:　　Did you go to the concert **with Mary**?
　　　Speaker B:　　Yes, **with Mary**.
(23) Speaker A:　　Have you visited Paris **five times**?
　　　Speaker B:　　Yes, **five times**.

一方、too, also, even, only は、次の（B）文がすべて不適格なので、それ単独では用いることができません。

(24) Speaker A:　　Did John come, **too**?
　　　Speaker B:　*Yes, **too**.
(25) Speaker A:　　Did it rain **also**?
　　　Speaker B:　*Yes, **also**.
(26) Speaker A:　　Did it **even** snow?
　　　Speaker B:　*Yes, **even**.
(27) Speaker A:　　Did he **only** glance at you?
　　　Speaker B:　*Yes, **only**.

上で、普通の副詞表現は独立性が高く、その修飾ターゲットが明示されなくてもよいが、too, also, even, only は、独立性、自立性が低く、その修飾ターゲットが明示されなければならないことを示しました。しかし、この両者の違いは、一体何に起因しているのでしょうか。それは、普通の副詞表現は、それ自体が焦点（＝文中で最も新しい、重要度の高い情報）として機能するのに対し、too, also, even, only は、それ自体は焦点を表わすのではなく、その修飾ターゲットが焦点であるという違いに起因していると考えられます。

● 副詞の修飾ターゲットが複数あるとき

先ほど、普通の副詞表現は、その修飾ターゲットが必ずしも明示されなくてもよいと述べましたが、副詞がその修飾ターゲットとすることができる要素が複数ある文で、それらの要素のいずれかが省略されるとき、注目すべき現象が起こります。まず、次の文を見てください。

(28)　　Can we **possibly** go to Hawaii by ship?
　　　　　　　　　　　　　(i)　　　　(ii)

副詞 possibly の修飾ターゲットは、(i) to Hawaii であるかもしれませんし、(ii) by ship であるかもしれません。(i) は、たとえば、ある夫婦が二人の銀婚式のお祝いに船でどこかへ旅行しようと相談している状況で、(28) が発話されたときの解釈です。一方 (ii) は、たとえばその夫婦が銀婚式のお祝いにハワイへ行こうということが決まり、どうやって行こうかと相談している状況で、(28) が発話されたときの解釈です。ここで、(ii) の解釈の場合には、文中のどの要素にも顕著な強調ストレスを置かないで発音されても構いませんが、(i) の解釈の場合には、to Hawaii に顕著な強調ストレスを置いて発音される、ということに注意してください (【付記】参照)。

さて、次の2つの対話を比べてみましょう。

(29) 状況1：どこかへ船で行こうと相談している
　　　Speaker A:　　Can we **possibly** go to Hawaii by ship?
　　　Speaker B: a.　Yes, we can **possibly** go to Hawaii ϕ .
　　　　　　　　 b. *Yes, we can **possibly** go ϕ by ship.

　　　　c.　Yes, **possibly**.
(30) 状況2：どうやってハワイに行こうかと相談している
　　　Speaker A:　　Can we **possibly** go to Hawaii by ship?
　　　Speaker B: a. *Yes, we can **possibly** go there ϕ.
　　　　　　　　b.　Yes, we can **possibly** go ϕ by ship.
　　　　　　　　c.　Yes, **possibly**.

状況1では、to Hawaii が副詞 possibly の修飾ターゲットであり、by ship は修飾ターゲットではありません。(29Ba) が適格で、(29Bb) が不適格であるという事実は、副詞の修飾ターゲットを残して、修飾ターゲットでないものを省略することはできるが、逆に、修飾ターゲットでないものを残して、修飾ターゲットを省略することはできないことを示しています。状況2では、by ship が副詞 possibly の修飾ターゲットであり、to Hawaii は修飾ターゲットではありません。(30Ba) が不適格で、(30Bb) が適格であるという事実もまた、副詞の修飾ターゲットを残して、修飾ターゲットでないものを省略することはできるが、副詞の修飾ターゲットでないものを残して、修飾ターゲットを省略することはできないことを示しています。また、(29Bc) と (30Bc) がともに適格であるという事実は、修飾ターゲットの省略は、修飾ターゲットでないものも同時に省略するのであれば、不適格とはならないことを示しています。

　これまでの観察から、副詞の修飾ターゲットの省略について、次の制約を立てることができます。

(31)　**副詞の修飾ターゲット省略に課される機能的制約：**
　　　ひとつの文に副詞の修飾ターゲットとなり得る要素が複数個ある場合、省略規則は、修飾ターゲットでない

ものを残して、修飾ターゲットを省略することはできない。

　ここでみなさんは、(29), (30) の例や (31) の制約を見て、第4章の「情報の新旧と省略の順序」で提示した次の「省略順序の制約」を思い出されることでしょう（第4章の (10) を参照）。

(32)　**省略順序の制約**：省略は、より旧い（重要度がより低い）情報を表わす要素から、より新しい（重要度がより高い）情報を表わす要素へと順に行なう。すなわち、より新しい（重要度がより高い）情報を表わす要素を省略して、より旧い（重要度がより低い）情報を表わす要素を残すことはできない。

たとえば、(29) の状況1（= どこかへ船で行こうと相談している状況）で発話された (29A)（=Can we **possibly** go to Hawaii by ship?）の質問において、possibly の修飾ターゲットである to Hawaii は、その修飾ターゲットではない by ship より新しい情報（重要度がより高い情報）です。したがって、(29B) の話し手は、そのより新しい情報の to Hawaii を残して、より旧い情報の by ship を省略することは可能ですが、その逆はできません。よって、(31) の「副詞の修飾ターゲット省略に課される機能的制約」は、(32) の「省略順序の制約」から派生する制約ということになります。

● John wanted to go to Paris in September. も2つの解釈あり

次の文にも、2つの解釈があります。

(33)　John <u>wanted</u> to <u>go to Paris</u> **in September**.
　　　解釈A：ジョンは、［パリに9月に行く］ことを望んでいた。
　　　解釈B：ジョンは、パリに行くことを［9月に望んでいた］。

解釈（A）は、in September が go to Paris を修飾ターゲットとする解釈で、「［パリに9月に行く］ことを（たとえば春に）望んでいた」という意味になります。一方、解釈（B）は、in September が wanted を修飾ターゲットとする解釈で、「パリに（たとえばクリスマスに）行くことを［9月に望んでいた］」という意味になります。

同様に、次の文も（33）と同じく2つの解釈をもっています。

(34)　**When** did John <u>want</u> to <u>go to Paris</u>?
　　　解釈A：ジョンは、［パリにいつ行く］ことを望んでいたか。
　　　解釈B：ジョンは、パリに行くことを［いつ望んでいたか］。

解釈（A）は、when が go to Paris を修飾ターゲットとする解釈、解釈（B）は、when が want を修飾ターゲットとする解釈です。
　それでは、次の会話を考えてみましょう。

(35) Speaker A:　**When** did John want to go to Paris?
　　　Speaker B:　He wanted to go to Paris **in September**.

　(35A)の質問には、(34)で述べたように、2つの解釈があります。同時に、(35B)の回答にも、(33)で述べたように、2つの解釈があります。したがって、(35)の話し手（A）が、when が go to Paris を修飾ターゲットとする解釈で質問をし、話し手（B）がこの質問を、when が want を修飾ターゲットとするものと誤解して(35B)の回答をした場合には、ミスコミュニケーションが生じます。また、その逆の場合も同様です。(35)の会話では、話し手（B）が話し手（A）の質問にどちらの解釈を与えたのか、まったく分かりません。

　それでは、次の会話はどうでしょうか。

(36) Speaker A:　**When** did John want to go to Paris?
　　　Speaker B:　He wanted to ϕ **in September**.（ϕ = go to Paris）

　(36B)の回答は、動詞句の go to Paris を省略した文ですが、この文には、興味深いことに、in September が wanted を修飾ターゲットとする解釈しかありません。つまり、次の解釈（A）はなく、解釈（B）しかありません。

(37) Speaker A:　**When** did John want to go to Paris?
　　　Speaker B:　He wanted to ϕ **in September**.（ϕ = go to Paris）
　　　　　　　　解釈A：*彼は、［パリに9月に行く］ことを
　　　　　　　　　　　　望んでいた。
　　　　　　　　解釈B：　彼は、パリに行くことを［9月に
　　　　　　　　　　　　望んでいた］。

したがって、話し手（B）は、話し手（A）の質問の when が、want を修飾する副詞句と解釈して、(37B)（=36B）の回答をしたことになります。いったいこれはどうしてでしょうか。

もうお気づきかもしれませんね。そうです。(37B) の回答では、in September が修飾ターゲットとする wanted は、明示されていますが、go to Paris は明示されず、省略されているからですね。この点を次のように示しましょう。

(38)　　He wanted to ϕ **in September**.（=36B/37B）
　　　　解釈 A：*彼は、［パリに 9 月に行く］ことを望んでいた。
　　　　He wanted to　　　　go to Paris　　　　**in September**
　　　　修飾ターゲットでない　修飾ターゲット　　　副詞句
　　　　　　　　　　　　　　　　↓
　　　　　　　　　　　　　　　*ϕ
　　　　「副詞の修飾ターゲット省略に課される機能的制約」
　　　　　　　　　　　　(31) に違反

　　　　解釈 B：彼は、パリに行くことを［9 月に望んでいた］。
　　　　He wanted to　　　　go to Paris　　　　**in September**
　　　　修飾ターゲット　　　修飾ターゲットでない　副詞句
　　　　　　↓
　　　　　　√ϕ
　　　　「副詞の修飾ターゲット省略に課される機能的制約」
　　　　　　　　　　　(31) に違反しない

(38) の解釈（A）では、副詞句 in September が go to Paris を修飾ターゲットにしているのに対し、解釈（B）では、in September が、go to Paris ではなく、wanted を修飾ターゲットにしています。そ

のため、解釈(A)の(38)は、「副詞の修飾ターゲット省略に課される機能的制約」(31)に違反して、go to Paris を省略してできた文なので、この解釈は存在しません。一方、解釈(B)の(38)は、「副詞の修飾ターゲット省略に課される機能的制約」(31)に違反することなく go to Paris を省略することによってできた文です。この文に解釈(B)しか存在しないのは、この理由によります。

● When did John want to go to Paris?
  — He did φ in September. の解釈は？

最後に、次の会話の解釈を考えてみましょう。

(39) Speaker A: When did John want to go to Paris?
      解釈A： ジョンは、[パリにいつ行く] ことを望んでいたか。
      解釈B： ジョンは、パリに行くことを [いつ望んでいたか]。
    Speaker B: He did φ in September.
      解釈A：*彼は、[パリに9月に行く] ことを望んでいた。
      解釈B： 彼は、パリに行くことを [9月に望んでいた]。

(39)の話し手(A)の質問は、すでに(34)で述べたように、解釈(A)と解釈(B)の2つがあり曖昧ですが、話し手(B)の答えには、解釈(A)はありません。その点で、(37B)の解釈と同じです。話し手(B)の答え(=He did φ in September.)では、in September の修飾ターゲットの候補 want と go to Paris の両方が

省略されています。(31) の「副詞の修飾ターゲット省略に課される機能的制約」は、ターゲットとなり得る要素が複数個あって、少なくともそのうちのひとつが省略されないで残されている場合の制約であって、全部が省略されている場合に適格文ができるか不適格文ができるかについて、何も述べていませんし、この制約は、省略の順序に基づいた制約ですから、(39B) には適用しません。その証拠に、(29Bc) や (30Bc) で、possibly の修飾ターゲットとなり得る 2 つの要素、go to Hawaii と by ship の両方を省略して、Yes, possibly. と答えることに何の問題もありませんでした。それでは、(39) の話し手 (B) の答えに解釈 (B)「9 月に望んでいた」しかないことを予測できる何か他の原則があるのでしょうか。

　上記の質問の答えは、イエスです。実は、その答えは、『謎解きの英文法—省略と倒置』(くろしお出版、2013) の第 5 章「動詞句省略規則」ですでに紹介ずみで、それを読んで覚えておられる読者もあることと思います。結論から先に述べると、解釈 (A) の (39B) は、生成不可能な文なのです。(39B) の答えの省略前の完全な文は、以下の 2 つの構造を持っています。

(40) in September が want を修飾する解釈

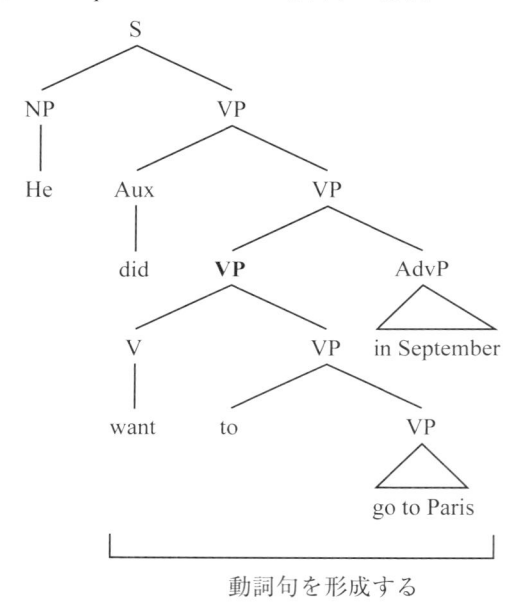

```
                    S
                   / \
                 NP   VP
                 |   /  \
                He Aux   VP
                    |   /  \
                   did VP   AdvP
                      /  \    |
                     V    VP  in September
                     |   /  \
                   want to   VP
                              |
                           go to Paris
```

　　　　　　　動詞句を形成する

（want から go to Paris までが「動詞句を形成する」）

　この樹形図で、want to go to Paris は、動詞句（VP）を形成します。したがって、動詞句削除規則を適用して、He did φ in September. を生成することができます。

　他方、(39B) で、in September が go to Paris を修飾する解釈での He did φ in September. は、省略が起きる前の完全文で、次に示す構造を持っています。

（41） in September が go to Paris を修飾する解釈

```
              S
            /   \
          NP     VP
          |    /    \
          He Aux     VP
              |    /    \
             did  V      VP
                  |    /    \
                 want to     VP
                           /    \
                          VP    AdvP
                         /\      /\
                    go to Paris in September
```

動詞句を形成しない

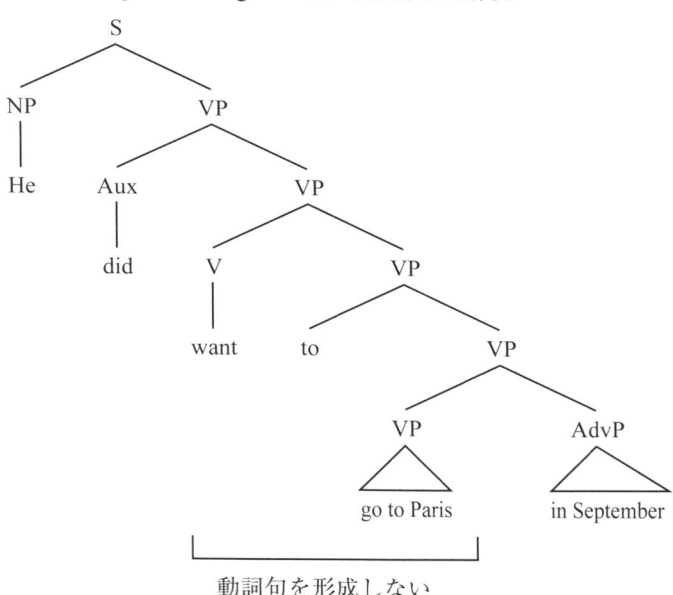

この樹形図で、want to go to Paris は、動詞句（VP）を形成していません。したがって、動詞句削除規則を適用して、He did φ in September. を生成することができません。ですから、When did John want to go to Paris? の答えとしての He did φ in September. に in September が go to Paris を修飾する解釈がないことは、その解釈でのこの省略文が存在しない、という構文法的理由によることになります。

● **結び**

　私たちは本章で、普通の副詞表現は、その修飾ターゲットが明

示されず、省略されても構わないのに対し、too, also, even, only などの副詞は、その修飾ターゲットが省略されてはならないことを観察し、次の制約を提示しました。

(13)　**Too, also, even, only の修飾ターゲット明示制約**：
　　　副詞 too, also, even, only の修飾ターゲットが明示されていない文は、不適格である。

また、普通の副詞表現が、ある文で複数個の修飾ターゲットをもち得る場合、その修飾ターゲットを省略して、修飾ターゲットでないものを残すことはできないことを観察して、次の制約を提示しました。

(31)　**副詞の修飾ターゲット省略に課される機能的制約**：
　　　ひとつの文に副詞の修飾ターゲットとなり得る要素が複数個ある場合、省略規則は、修飾ターゲットでないものを残して、修飾ターゲットを省略することはできない。

省略は、単に先行文から復元できればどのような要素でも可能だと思っておられた方もいらっしゃるかもしれませんが、本章および第4章の考察を通して、そこには一定の整然とした規則が存在することにお気づきいただけたことと思います。

数量詞遊離

第9章

● All, each, both だけがなぜ？

　All, many, some, each, several, a few, three, much などの表現は、人や物の数量を表わすので、「数量詞」と呼ばれ、次の (1)–(9) の (a) のように、名詞（句）の直前に置かれて、その名詞（句）を修飾する<u>形容詞</u>として機能したり、(b) のように、前置詞句の of ～ を伴って（<u>代</u>）<u>名詞</u>として機能したりします。

(1) a. [**All** the students] will come to the party tonight.
　　b. [**All** of the students] will come to the party tonight.
(2) a. [**Many** people] will go to the concert.
　　b. [**Many** of the people] will go to the concert.
(3) a. [**Some** oranges] are rotten.
　　b. [**Some** of the oranges] are rotten.
(4) a. [**Each** sister] is married to a college professor.
　　b. [**Each** of my sisters] is married to a college professor.
(5) a. [**Several** employees] will lose their jobs.
　　b. [**Several** of the employees] will lose their jobs.
(6) a. [**Both** my parents] have visited Paris.
　　b. [**Both** of my parents] have visited Paris.
(7) a. [**Any** repairman] can fix your foreign car.
　　b. [**Any** of the repairmen] can fix your foreign car.
(8) a. [**Most** books] are quite interesting.

b. [**Most** of the books] are quite interesting.
(9) a. [**Three** examinees] were able to pass the test.
  b. [**Three** of the examinees] were able to pass the test.

このようなたくさんの数量詞のうち、all, each, both だけは、次のように、修飾している名詞句から離れて、文中の他の位置に置くことができます。そしてこのような現象は、「数量詞遊離」と呼ばれています（久野・高見（2004）『謎解きの英文法―冠詞と名詞』コラム②を参照）。

(10) a. **The students** will **all** come to the party tonight.（cf. 1a, b）
  b. **My sisters** are **each** married to college professors.（cf. 4a, b）
  c. **My parents** have **both** visited Paris.（cf. 6a, b）

(10a) の all は、「学生たちが全員」という意味からも分かりますが、主語の the students を意味的には修飾していますが、the students から離れて will と come の間に位置しています。(10b, c) についても同様のことが言えます（【付記1】参照）。

これに対して、他の数量詞は、次に示すように数量詞遊離が許されません。

(11) a. ***The people** will **many** go to the concert.（cf. 2a, b）
  b. ***The oranges** are **some** rotten.（cf. 3a, b）
  c. ***The employees** will **several** lose their jobs.（cf. 5a, b）
  d. ***The repairmen** can **any** fix your foreign car.（cf. 7a, b）
  e. ***The books** are **most** quite interesting.（cf. 8a, b）
  f. ***The examinees** were **three** able to pass the test.（cf. 9a, b）

どうして数量詞の中で、all, each, both だけが数量詞遊離を許すのでしょうか。これらの数量詞は、他の数量詞とどこが違っているのでしょうか。

● 主語以外からも遊離できるか？

(10a-c) の数量詞遊離の例では、all, each, both が、いずれもそれらが修飾する<u>主語名詞句</u>から遊離していますが、数量詞遊離は、主語以外の名詞句からも可能なのでしょうか。まず、次の例を見てください。

(12) a.　The teacher praised [**all**（of）the children] very much.
　　 b. *The teacher praised [the children] **all** very much.
(13) a.　The president met [**each** of the professors] in his room.
　　 b. *The president met [the professors] **each** in his room.
(14) a.　John discussed the problem with [**both** of his friends].
　　 b. *John discussed the problem with [his friends] **both**.

(12b) では、(12a) の目的語の一部を成す all が目的語から遊離しており、(13b) でも同様に、(13a) の目的語の一部を成す each が目的語から遊離しています。また (14b) では、(14a) の前置詞の目的語の一部を成す both が遊離しています。しかし、これら3つの遊離文はすべて不適格です。そのため、数量詞遊離は、主語名詞句以外からは許されないと思われるかもしれません。

しかし、次のように、目的語から数量詞が遊離しても適格となる場合があります。

(15) a.　Mary put [**all** of the books] on the proper shelves.

b. Mary put [the books] **all** on the proper shelves.
(16) a. John promised [**each** of the girls] a diamond ring.
b. John promised [the girls] **each** a diamond ring.
(17) a. The teacher assigned [**both** of the students] appropriate homework.
b. The teacher assigned [the students] **both** appropriate homework.

(15b), (16b), (17b) でも、all, each, both が (15)-(17) の (a) 文の目的語から遊離していますが、これらの遊離文はすべて適格です(【付記2】参照)。(12)-(14) の (b) 文と (15)-(17) の (b) 文とは、一体どこが違っているのでしょうか。数量詞遊離はどのような条件のもとで許されるのでしょうか(【付記3】参照)。

本章では、上記2つの「謎」を解きたいと思います。

● All, each, both と他の数量詞の違い

まず、all, each, both と他の数量詞の違いから考えてみましょう。All, each, both は、「普遍／全称数量詞」(universal quantifier) と呼ばれ、「すべての、あらゆる、それぞれ(すべて)の」といった意味や、「2つにして2つに限る」という意味を表わします。つまり、話題となっている人や物が、たとえば5人なら5人とも、2つなら2つともというように、すべてに当てはまる数量を表わします。他方、most, many, some, several, three のような数量詞は、「存在数量詞」(existential quantifier) と呼ばれ、話題となっている人や物のすべてを表わすのではなく、その集合のある部分にのみ当てはまる数量を表わします。したがって、英語では普遍数量詞のみ遊離することになります(この点は、生成文法と呼ばれる

文法理論で指摘されており、『現代英文法辞典』(三省堂、1992) (p. 1198, 1201) や安藤 (2005)『現代英文法講義』(p. 493, NB3) などにも記載されています)。

　それではなぜ、英語では普遍数量詞のみ遊離するのでしょうか。次の文を比べてみましょう。

(18) a.　The students **all / each / both** went to the Tully's coffee shop.
　　 b.　*The students **most / many / some / several / three** went to the Tully's coffee shop.

(18a, b) の主語 the students の指示対象は、定冠詞 the を伴っているので、話し手と聞き手の間でどの学生を指すか、了解されています。したがって、これらの文の聞き手は、話し手が the students と言った段階で、それがどの学生たちを指すか、またその学生たちが何人であるかなどを了解しています。適格な (18a) では、話し手は、聞き手がすでに了解している the students のあと、学生たちの数を強調する形で、all, each, both を提示しています。そのため、話し手が the students と言った段階での学生の数と、数量詞 all, each, both と言った段階での学生の数の間に矛盾はありません。これらの数量詞は、すでに了解されている学生たちの数をあらためて提示し、その数を強調する働きをしています。したがって (18a) は、「学生たちは Tully's coffee shop へ<u>みんな／それぞれ／2人とも</u>行き、行かなかった学生は1人もいなかった」という意味になります。

The students are **all** playing soccer on the playground.

　一方(18b)では、話し手が the students と言った段階での学生たちの数と、そのあとで most, many, some, three などを言った段階での学生たちの数の間に著しい不一致が生じています。話し手が最初 the students と言った段階では、聞き手はその学生たち全体を意識しますが、そのあと存在数量詞が提示されて、Tully's coffee shop へ行ったのがその学生たち全員ではないという矛盾した解釈を強要されることになります。このために、(18b)は不適格になると考えられます。この矛盾を避けるには、次の表現を用います。

(19)　**Most / Many / Some / Several / Three of the students** went to the Tully's coffee shop.

　これで、遊離できる数量詞がなぜ all, each, both の普遍数量詞に限られるかが分かりましたが、実は、聞き手が最初に了解する人や物の数量と、遊離した数量詞表現が表わす人や物の数量は、完全に一致しなければならないというわけではありません。なぜなら、次のような数量詞遊離文は適格だからです（いずれも実例）。

(20) a. A surprising thing about the Boston Marathon is that throughout its long history **[the winners and the losers] nearly all** came back.
「ボストンマラソンで驚くべきことは、その長い歴史を通して、勝者も敗者もほとんどすべての人が（競技に）戻ってきているということである。」

b. **[The most educated states] nearly all** voted for Obama and the least educated states **all** voted for Romney.
「もっとも教養度の高い州は、ほとんどすべてオバマに票を投じ、もっとも教養度の低い州はすべて、ロムニーに票を投じた。」

c. **[The lessons]** will **almost all** be practical sessions.
「そのレッスンのほとんどすべてが実用的な講習です。」

d. **[They]** will **almost all** be very nice people.
「彼らはほとんどすべてがとてもいい人達です。」

これらの例では、遊離数量詞が nearly all, almost all（ほぼ全員、ほとんど全部）で、これらの名詞句（NP）の中心となる主要部（head）N は、普遍数量詞の all ですが、それに nearly や almost が伴っています。したがって、これらが表わす数量と、これらが修飾する名詞句の表わす数量は、厳密には一致しておらず、若干の違いがあります。ここでは、これらの数量詞を「準普遍数量詞」と呼ぶことにします。

以上から、(10a-c)、(18a)、(20a-d) の適格性と (11a-f)、(18b) の不適格性を説明する制約として、次の仮説を立てることができます（【付記4】参照）。

(21) **遊離数量詞に課される意味的制約**：遊離できる数量詞は、普遍数量詞、あるいは普遍数量詞を主要部とする準普遍数量詞に限られ、聞き手が最初に了解する人や物の数量と遊離した数量詞が表わす人や物の数量は、（ほぼ）一致しなければならない。

● Every と any は？

上で、遊離できる数量詞は、all, each, both の普遍数量詞や nearly all, almost all のような普遍数量詞を主要部とする準普遍数量詞であると述べましたが、every も、「すべての、どんな〜でも」という意味の普遍数量詞です。また any は、（肯定文で）「どんな〜でも」という意味を表わすので、every と同様に普遍数量詞だと思われるかもしれません。しかし、これらの数量詞は、次の (b) に示すように遊離しません。

(22) a. [**Every apple**] was delicious.
　　 b. ***The apples** were **every** delicious.
(23) a. [**Any of the repairmen**] can fix your foreign car. （=7b）
　　 b. ***The repairmen** can **any** fix your foreign car. （=11d）

なぜ、every と any は遊離しないのでしょうか。

まず、every が遊離しないのは、every が、(22a) のように形容詞としてしか機能しないからです。つまり、all, each, both が、遊離して代名詞として機能するのに対し、every は代名詞としては機能しません（【付記5】参照）。そのため every は、(1)-(9) の (b) とは異なり、次のように言うことができません（【付記6】参照）。

(24) *[**Every** of the students] will come to the party tonight.（cf. 1b）

次に、any が「どんな～でも」という意味を表わす場合ですが、私たちは久野・高見（2004）『謎解きの英文法—冠詞と名詞』（第5章）で、every と any の違いを次のように規定しました。

(25) **Every** と **Any** の意味的相違
    a. Every は、それを含んだ文によって表わされる内容が、問題となっている集合のすべてのメンバーに関して、同時に成立することを表わす（【付記7】参照）。
    b. Any は、それを含んだ文によって表わされる内容が、問題となっている集合のどのメンバーを選んでも、それぞれ個々に、何らかの規則、原理、習性にしたがって成立することを表わす。

この違いから明らかなように、any は、「問題となっている集合のどのメンバーを選んでも、それぞれ個々に」当該の内容が成立することを表わし、すべてのメンバーを同時に表わすわけではありません。つまり、(23b)（=***The repairmen** can **any** fix your foreign car.）で、the repairmen（修理工）が10人だとすると、any は、そのうちの「どの修理工を選んでも」（すなわち、一度に一人）という意味なので、両者の間に数の不一致、矛盾が生じており、不適格となります（【付記8】参照）。

ここで、それなら each も「それぞれ（の）」という意味なので、any と同じではないかと思われるかもしれません。しかし、each は次のような意味を表わします（久野・高見（2004）『謎解きの英文法—冠詞と名詞』p. 61 参照）。

(26)　Each を含んだ文は、その文が表わす動作、出来事、状態が、問題となる集合の全メンバーについて、個々に、順次的に適用することを表わす。

つまり、each の場合は、問題となる集合の全メンバーに関して当該の内容が順次的に適用することを表わすので、その集合の全体を指し示す普遍数量詞というわけです。

● 遊離を許す名詞句は、聞き手が了解している名詞句

先ほど、数量詞が遊離できるのは、数量詞が修飾する名詞句指示物の数や量が、数量詞の表わす数や量と（ほぼ）一致する場合であると言いました。そのため、名詞句が、次の (b) 文のように定冠詞の the や所有代名詞を伴わず、不定名詞句であれば、その指示物が特定化されず、その数量も聞き手に了解されていませんから、遊離文が不適格となります。

(27) a.　**The children** have **all** enjoyed the baseball game.
　　 b. ＊**Children** have **all** enjoyed the baseball game.
(28) a.　**My sisters** are **each** married to college professors.（=10b）
　　 b. ＊**Sisters** are **each** married to college professors.
(29) a.　**My parents** have **both** visited Paris.（=10c）
　　 b. ＊**Parents** have **both** visited Paris.

(27)-(29) の (a) 文と (b) 文のこのような適格性の違いから、all, each, both の数量詞は、定名詞句からは遊離できるが、不定名詞句からは遊離できないと考えられるかもしれません。しかし、不定名詞句でも、総称名詞句、たとえば children（子供一般）、

people（人々一般）、Americans（アメリカ人一般）、languages（言語一般）等を用いて、その総称名詞の一般的特性を述べるような文であれば、次に示すように、遊離文が適格となります。

(30) a. **Children** are **all** angels for their parents.
   b. Under the law, **people** are **all** equal.
   c. It is not the case that **Americans** are **all** great admirers of Abraham Lincoln.
   d. **Languages** are **each** used as a means of communication.

その理由は、(30a-d) では、主語である総称名詞句の指示対象が、話し手と聞き手の間で了解され、明らかなためです。たとえば (30a) は、「子供（というの）はみんな、親にとっては天使である」と述べており、話し手と聞き手の間で、children が、総称の「子供たち」であるということが了解されています。(30b-d) でも同様です。一方、(27b)(=*__Children__ have **all** enjoyed the baseball game.) のような文は、過去の出来事を、「子供たち全員が野球の試合を楽しんだ」と述べていますが、その子供たちが不特定で、どの子供たちか聞き手が了解しておらず不明なため、(21) の制約に違反して不適格となります（【付記9】参照）。

(27)–(29) の (b) 文と (30a-d) の対比により、all, each, both が修飾する名詞句が定名詞句か不定名詞句かは、数量詞遊離の決定的要因ではなく、その名詞句が表わす集合が、聞き手に了解されているかどうかが決定的要因であることが分かります。

● 遊離した数量詞は「二次的主語」として機能

遊離した all, each, both などの数量詞は、それらが修飾する名

詞句と「同格」関係にあり、その名詞句の「代名詞」として機能しています。したがって、たとえば次のような遊離文では、主語がいわば2つあることになります。

(31)　**The committee members** were **all** present at the meeting.
　　　　　　(i)　　　　　　　　　(ii)
　　　(委員会のメンバーは 全員 その会議に出席していた。)
　　　　　　(i)　　　　　　(ii)

(31)では、all of the committee members と言う代わりに、all を遊離することで、すでに述べたように、会議に出席したのが、委員会のメンバー全員であり、誰一人欠席しなかったことを強調しています。ここで重要なのは、遊離した all は、the committee members と同格の代名詞主語ですから、その代名詞主語を叙述する要素 present at the meeting がそのうしろに続いている点です。そして、all と present at the meeting は意味的に「主述関係」(＝主語と述語の関係)を形成するため、これらがひとつのイントネーション・ユニットとして発音されます。この主述関係は、「全員」のあとに「その会議に出席していた」という述語的要素がある(31)の日本語訳からも明らかです。そのため、all を主語とする述語的要素が、all のあとに続かないような次の文は許容されません。

(32) a. ***The committee members** were present **all** at the meeting.
　　 b. ***The committee members** were present at the meeting **all**.

(32a)の all のあとの at the meeting は、「会議に(出席していた)」という意味から分かるように、were present を修飾する副詞句であり、all (＝the committee members)を叙述する述語的要素では

ありません。また (32b) では、all のあとに何の述語的要素も続いていません。

　Each や both についても同じことが言えます。まず、each に関して次の文を見てください。

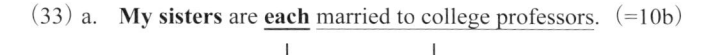

(33) a. **My sisters** are <u>each</u> married to college professors.（=10b）
　　　　　　└──────────────┘
　　b. **The guests** will <u>each</u> make a speech in the ceremony.
　　　　　　└──────────────┘
　　c. The teacher gave **the students** <u>each</u> <u>a handkerchief</u>.
　　　　　　　　　　　　　　　　　　　└──────────┘

(33a, b) では、each のあとに、話し手の姉やゲストのそれぞれを叙述する述語的要素、married to college professors, make a speech in the ceremony があります。そして、each とそれに続く述語的要素が、ひとつのイントネーション・ユニットとして発音されます。よって、主述関係が成立して、これらの文は適格になると考えられます。

　また (33c) では、the students から遊離した each のあとに a handkerchief があるので、each が the students の代名詞主語として機能し、each [received] a handkerchief（学生のそれぞれがハンカチをもらった）という主述関係が成立して、この文が適格になると考えられます。ここで、この received（もらった）という (33c) に明示されていない動詞が、どうして二次的主語と a handkerchief が主述関係を形成するのに用いられ得るかというと、give x y という二重目的語構文が、'cause x to receive y' という論理構造を持っており、「誰かに何かをあげる」という表現は、結果として、「誰かが何かをもらう」ということを示すためです（久野・高見

(2013)『謎解きの英文法―省略と倒置』第10章を参照）。さらにまた、(33c) を発音すると、the students の直後に休止（ポーズ）が入り、二次的主語の each とその述語的要素の a handkerchief がひとつのイントネーション・ユニットとして発音されることも、両者が主述関係を形成していることを裏づけています。

(33c) と同様の説明が、(16b), (17b)（以下に再録）にも当てはまります。

(16) b.　John promised [the girls] **each** a diamond ring.
(17) b.　The teacher assigned [the students] **both** appropriate homework.

ここでも、promise x y, assign x y という二重目的語構文が、'cause x to receive y' という論理構造を持っており、「誰かに何かをあげると約束する」、「誰かに何かを割り当てる」という表現が、結果として、「誰かが何かをもらう（ことになる）」ということを示します。そしてまた、(16b), (17b) の発音は、the girls や the students の直後に休止（ポーズ）が入り、each a diamond ring や both appropriate homework がひとつのイントネーション・ユニットで発音されます。したがって、each や both とその後に続く要素が主述関係を成しています。

さらに次の both の例に関しても、主述関係が成立しています。

(34) a.　**My parents** have **both** visited Paris.　(=10c)

b.　**The students** <u>both</u> went to the Tully's coffee shop.　(cf. 18a)

上のような例に対し、次のような each や both の遊離文は不適格です。

(35) a. ***The guests** will make a speech __each__ in the ceremony.
         |_____*_____|

   b. ***My parents** have visited Paris __both__.
         |_____*_____|

(35a) の each のあとの in the ceremony は、「式典で（スピーチをする）」という意味から分かるように、will make a speech を修飾する副詞句であり、the guests の代名詞主語 each を叙述する述語的要素ではありません。(35b) では、both のあとに何の述語的要素も続いていません。

以上のことが分かると、(12)–(14) の (b) 文（以下に再録）がなぜ不適格であるかが分かります。

(12) b. *The teacher praised [**the children**] __all__ very much.
         |_____*_____|

(13) b. *The president met [**the professors**] __each__ in his room.
         |_____*_____|

(14) b. *John discussed the problem with [**his friends**] __both__.
         |_____*_____|

(12b) では、all のあとに、all (=the children) を叙述する述語的要素がありません。All のあとの very much は、「とても（褒めた）」という意味ですから、praised を修飾するのみです。(13b) でも、each のあとの in his room が、「彼の部屋で（会った）」という意味なので、met を修飾する副詞句であり、each を叙述する述語的

要素ではありません。さらに (14b) では、both のあとに「2人（の彼の友達）」を叙述する述語的要素がありません。よってこれらの文では、遊離数量詞とそのうしろの要素との間に主述関係が成立していないので、不適格になると考えられます。

　一方、次のような文を見てください。

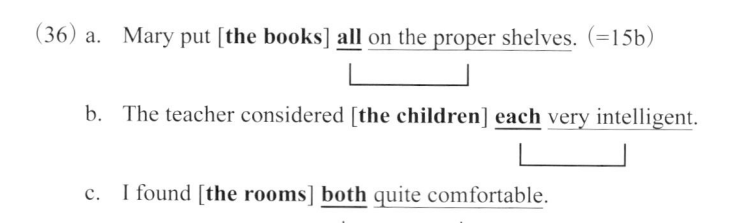

(36) a.　Mary put [**the books**] **all** on the proper shelves.（=15b）

　　 b.　The teacher considered [**the children**] **each** very intelligent.

　　 c.　I found [**the rooms**] **both** quite comfortable.

(36a)（=15b）では、all と on the proper shelves が、「すべて（の本）」が「ふさわしい棚に（ある）」という主述関係を成しています。また (36b) でも、each のあとに「それぞれの子供」を叙述する述語的要素 very intelligent が続いています。つまり、「（子供たち）それぞれ」が「とても頭がよい」という主述関係が成立しています。さらに (36c) では、both のあとに quite comfortable があり、「2つ（の部屋）」が「とても心地よい」という主述関係が成立しています（【付記10】、【付記11】参照）。

　以上から、次の制約を立てることができます。

(37)　**数量詞遊離に課される機能的制約**：遊離数量詞は、（二次的）主語として機能するため、それを叙述する述語的要素があとに続き、両者が主述関係を形成しなければならない。

● さらなる例文

(37) の制約は、次のような対比も自動的に説明することができます。

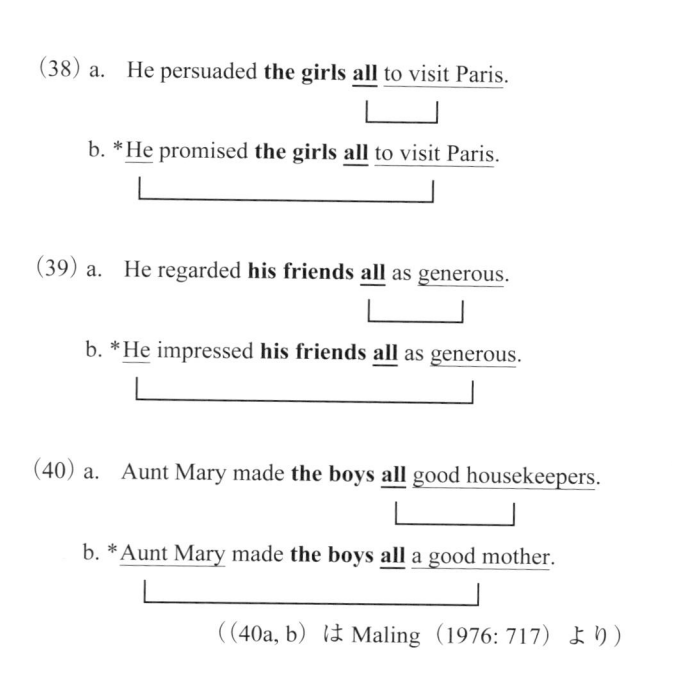

(38) a. He persuaded **the girls <u>all</u>** to visit Paris.

　　 b. *He promised **the girls <u>all</u>** to visit Paris.

(39) a. He regarded **his friends <u>all</u>** as generous.

　　 b. *He impressed **his friends <u>all</u>** as generous.

(40) a. Aunt Mary made **the boys <u>all</u>** good housekeepers.

　　 b. *Aunt Mary made **the boys <u>all</u>** a good mother.

((40a, b) は Maling (1976: 717) より)

(38a, b) では、主節動詞 persuade と promise の違いにより、パリを訪れるのが、(38a) では目的語の the girls ですが、(38b) では主語の he です。したがって前者では、the girls から遊離した all と to visit Paris が主述関係を成しています。一方、後者では、to visit Paris が he を叙述するのみで、all は the girls から遊離しているにもかかわらず、叙述されていません。よって (38a) は (37) の制約を満たして適格、(38b) はそれを満たさず不適格となりま

す。同様に、(39a) では、彼が友達を寛大だと思った結果、generous は his friends から遊離した all を叙述し、両者が主述関係を成しています。一方 (39b) では、彼が友達に自分が寛大であると印象づけたため、generous は he を叙述し、all を叙述してはいません。よって (39a) は適格、(39b) は不適格となります。さらに (40a) では、「メアリーおばさんは、子供たちをいいハウスキーパーにした」とう意味から分かりますが（この文の make は「〈人〉を（…の状態に）する」という意味）、all は good housekeepers によって叙述されています。一方 (40b) では、「メアリーおばさんは、子供たちのいい母親になった」という意味から分かりますが（この文の make は「〈人にとって〉…になる」という意味）、a good mother は、all ではなく、Aunt Mary を叙述しています。よって、(40a) は適格、(40b) は不適格となります。

● Each の特別な用法

ここで、each の特別な用法について触れておきます。次の例を見てください。

(41) a. **These books** cost ten dollars **each**.
 b. He paid **the volunteers** $20 **each**.
 c. Five MIT students win more than a quarter million **dollars each** through Hertz Fellowship.（実例）
 「MIT の学生 5 名がヘルツ助成金でそれぞれ 25 万ドルずつを獲得。」

(41a, b) では、each が文末にあり、それを叙述する要素が何もあとに続いていません。また (41c) では、each のあとの through

Hertz Fellowship は、each を叙述する述語的要素ではありません。それにもかかわらず、これらの文はどうして適格なのでしょうか。

（41a-c）では、each が、すべて金額が示されたあとに位置していることに注意してください。この each は、必ず数量表現の直後に置かれ、数量の配分を示して、「それぞれ、一人／一個につき、めいめい（に）、おのおの」という意味の副詞です。これまで考察してきた遊離数量詞は、それが修飾する名詞句と同格の代名詞なので、（41a-c）の each は、（33a-c）のような each とは異なり、遊離数量詞ではありません。そのため、次のような表現も可能です。

(42) They sell oranges, three quarters **each**.
「彼らはオレンジを売っています、ひとつ 75 セントで。」

ここでは、three quarters each が副詞的働きをしていることが明らかです。したがって、（41a-c）で用いられている each も、遊離数量詞の例ではなく、副詞として機能する用法なので、（37）の制約を受けないことになります。

この each の用法は、副詞の respectively（それぞれ）に類似しているので、この点を次の例で説明しておきましょう。

(43) a. These books cost $10.
 b. These books cost $10 **each**. （=41a）
(44) a. She gave John and Bill $20.
 b. She gave John and Bill $20 and $30, **respectively**.

（43a）は、これらの本が合わせて 10 ドルなのか、1 冊ずつが 10

ドルなのか、曖昧ですが、each が文末にある (43b) は、1 冊ずつが 10 ドルであることが明確です。同様に、(44a)は、彼女がジョンに 20 ドル、ビルにも 20 ドルあげたのか、ジョンとビルに合わせて 20 ドルあげたのか、明確ではありませんが、(44b) のように respectively をつけることで、「ジョンとビルのそれぞれに 20 ドルと 30 ドルをあげた」という意味が明確になります。このような点からも、(41a-c) の each は、遊離数量詞ではなく、respectively に類似した for each を意味する副詞であるということが分かります。

● We all of us... のような表現

最後に、次のような表現（いずれも実例）に関しても一言触れておきます。

(45) a. **We** may **each of us**, and **all of us** collectively, enjoy the bounties of nature during our allotted time.
「私たちは、各自、そして全員が集団として生涯の間に自然の恵みを楽しむ。」

b. Why do **they all of them** have to follow the same procedures?
「どうして彼らはみんな同じ手順に従わなければならないのか。」

c. We had a great laugh when **we both of us** exited a dressing room wearing the exact same outfit! Great minds think alike, right?
「私たち二人ともが全く同じ服装で試着室から出てきたとき、私たちは、大笑いをしました。「賢人はみな

同じように考えるもの（英語の諺）」よね。」
d. All have turned aside from the right path; **they** have **every one of them** become corrupt.
「みんな正しい道から逸れてしまった。彼らは一人残らず誰もが堕落してしまった。」
e. **We All of Us** Know What That Means（歌のタイトル）
f. **They All of Them** Know（Charles Bukowski の本のタイトル）
g. **We** have **nearly all of us** photocopied a chart from a library book.
「私たちはほとんど全員、図書館から借りた本の図表をコピーした。」
h. **They** have **almost all of them** enjoyed the experience.
「彼らはほとんど全員、その経験を楽しんだ。」

(45a-h) の we や they から離れた each of us, all of us, all of them, nearly all of us などは、これまで観察した all, each, both, nearly all などの遊離数量詞が位置するのと同じところに位置しています。そして、これらの表現は、後続する述語的要素と意味の点でも発音の区切りの点でも、主語述語の関係を形成しています。したがって、これらの表現は普遍数量詞、準普遍数量詞と見なすのが妥当だと思われます。これらの表現は、次の (46a) の「名詞句＋同格数量詞」を基底構造として、この同格数量詞に数量詞遊離規則が適用して派生した構文、つまり (46b) や (46c) であると説明できます。

(46) a. [We all of us] may enjoy the bounties of nature.
（基底構造）

b. [We] [all of us] may enjoy the bounties of nature.
   （派生構造）
c. [We] may [all of us] enjoy the bounties of nature.
   （派生構造）

ここで注意したいのは、(45a-h) のような構文は、広く一般に用いられる表現と言うよりは、どちらかと言うと、文学的で古めかしく、宗教的な文体で主に用いられる表現であるという点です。

この構文で興味深いことは、否定を表わす none や neither のような数量詞は、数量詞遊離構文では用いられませんが、この構文では次のように適格となります（いずれも実例）。

(47) a. **They** will **none of them** support you if they are more influential than you are.
   「あなたより影響力がある人たちは、誰一人としてあなたを支持しないでしょう。」
b. Your dear papa, your Uncle Henry, and Frank and Edwd. Austen, instead of his father, will attend. I hope **they will none of them** suffer lastingly from their pious exertions.
   「あなたの親愛なパパ、あなたのヘンリーおじさん、フランク、それにお父さんの代わりにエドワード・オースティンが（ジェイン・オースティンの納骨式に）出席します。私は、皆が、一人として、この敬虔な儀式からの疲れが長く出ないように、望んでいます。（ジェイン・オースティンの一番上の姉のカサンドラ・オースティンが、ジェインが可愛がっていた姪のファニー・ナイトに宛てた手紙から）
c. I think **they** will **neither of them** do the other good.

「彼らは二人とも相手によいことはしないと思う。」

したがって、none や neither は、単独では辞書に普遍数量詞として登録されていませんが、none of them や neither of them のような表現は、「彼ら（それら）のすべて」、「彼ら（それら）のどちらも」を否定する普遍数量詞として辞書に登録されていると考えられます。そしてそう考えることによって、(47a-c) のような文の適格性が説明できることになります。

● 結び

本章では、英語の数量詞遊離について考察し、以下の点を明らかにしました。

(i) 遊離できる数量詞は、普遍数量詞 all, each, both やそれらを主要部とする普遍数量詞名詞句 all of us, every one of them, none of them, etc.、および、nearly all, almost all のような準普遍数量詞や、それらを主要部とする準普遍数量詞名詞句 nearly all of us, almost all of us, etc. に限られる。

(ii) 遊離数量詞の修飾する名詞句が表わす集合は、聞き手が了解しているものでなければならない。

(iii) 遊離数量詞は、それが修飾する名詞句の二次的主語として機能するので、遊離数量詞のあとには、それを叙述する述語的要素が続かなければならない。

付記・参考文献

【第1章】

【付記1】 (2)-(4) の fast, long, early は、「速い／速く」、「長い／長く」、「早い／早く」のように、形容詞と副詞で異なるものの、同様の意味を表わします。しかし次の (i) のように、形容詞が副詞としても機能し、-ly をつけた形が存在しないものの、形容詞と副詞で意味がまったく異なる場合や、(ii) のように、形容詞が副詞としても機能し、-ly をつけた形も存在して、同じ単語の形容詞と副詞で意味がまったく異なる場合もあります。

(i) a. a **still** night（形容詞 ― 静かな）
b. I **still** / ***stilly** remember the beautiful scene.（副詞 ― まだ）

(ii) a. a **just** society（形容詞 ― 公正な）／ **justly**（公正に、正しく）
b. You look **just** like your father.（副詞 ― ちょうど、まさに）

【付記2】 Quirk et al.（1985: 405）は、slow と slowly のような副詞の違いとしてさらに、slow のような形容詞形の副詞は、動詞や目的語の後ろ（文末）に用いられ、主語の直後や目的語と副詞句の間では用いられないことを指摘しています。

(i) a. He {**slowly** / ***slow**} drove the car into the garage.
b. He drove the car {**slowly** / ?***slow**} into the garage.

【付記3】 (18c) の travel widely に関して、『ジーニアス英和辞典』（第5版（2014: 2394）、大修館書店）には「travel wide よりふつう」と書かれています。この書き方だと、両方とも可能であるものの、travel widely の方がより一般的であるという印象を受けます。し

かし、私たちのネイティヴスピーカー・コンサルタントたちは、一様に travel wide とは言えないと判断しました。

【付記4】『ジーニアス英和辞典』（第5版（2014: 552）、大修館書店）には、Dig the hole **deeply**. という例があがっていますが、母語話者によれば、これは不自然で、極めて稀だとのことでした。実際、グーグルで検索してみると、dug the hole **deep** は 24,800 例あるのに対し、dug the hole **deeply** はわずか 6 例しかありませんでした。

【付記5】 Breathe deep と breathe deeply では、breathe **deeply** がより標準的な言い方ですが、これらの表現が意図する意味を表わすには、take a deep breath という方がより一般的です。グーグルで検索すると、breathe deeply が 561,000 例なのに対し、take a deep breath は、16,200,000 例あり、約 29 倍でした。

【付記6】 グーグル検索では次のように、sleep/slept deep や breathe/breathed deep という言い方も多く用いられており、sleep/slept deeply, breathe/breathed deeply とほぼ拮抗しています。

(i) 　sleep/slept **deep**:　　　　　397,400 例
　　　sleep/slept **deeply**:　　　　392,000 例
　　　breathe/breathed **deep**:　　721,000 例
　　　breathe/breathed **deeply**:　897,000 例

しかし、ポピュラーな歌詞に現われる表現は、そうでない表現と比べて、グーグルでの頻度数が極端に大きくなる傾向がありますから、(i) の sleep/slept deep, breathe/breathed deep の頻度数は、この点を考慮して、割引して考える必要があると思われます。ただ、この頻度数が今後も長年に渡って続くようなら、現在は〈非標準

的〉と考えられるこれらの用法も、やがては認められるようになるものと思われます。

【付記7】 安藤（2005: 541）には、形容詞形の副詞と -ly 副詞の両方がある場合、「通例、単純形は文字通りの意味に用いられるのに対し、-ly 形のほうは意味が狭く、比喩的に用いられることが多い」との指摘があり、6組の副詞（high/highly, late/lately, dear/dearly, clean/cleanly, near/nearly, wide/widely）とそれぞれの適格な例文がひとつずつあげられています。この指摘は、本章の執筆に際して大変参考になり、本章は、不適格文を提示して、この指摘をいわば実証したことになります。ただ、安藤（2005）であがっている例の late（晩くまで）と lately（最近）や clean（完全に）と cleanly（楽々と）（いずれも安藤（2005）の訳語）などでは、「文字通りの意味」と「比喩的な意味」の対比が当てはまるのかどうか定かではありません。また、本章で示した (8a, b)–(11a-c) のような例（hard/hardly, late/lately, most/mostly, sharp/sharply）でも、この対比が当てはまるとは考えられません。したがって、この対比がさらにどのような副詞に明確に当てはまるのか、今後さらに調べなければなりません。

【コラム①】
【付記1】 (5a) が若干不自然だと一部の母語話者に判断されるのは、ある命題に対する話し手の確信を表わす文副詞を、命題を述べた後で、忘れていたことを後で付け足す「あと思案」（afterthought）のような形で補足しているためだと考えられます。この点は、次のような文副詞についても一般に当てはまる事柄です。

(i)　a.　**Frankly / Honestly**, he is a bore.
　　b.（?）He is a bore, **frankly / honestly**.

【付記２】　(6a-d)では、be動詞と一般動詞を区別して４つのパターンをあげましたが、(6a)の「BE＋補語」はVPですから、このパターンは(6c)の「主語＋sure＋VP」に吸収され、(6a)の指定は実際には不必要となります。

【付記３】　(1c)（=Time **sure** does fly – in fact time seems to be speeding up!）の実例でも、sureは強調の助動詞doesの前に位置しています。そして、sureがdoesの後ろに位置する次の文も適格です。
(i)　　Time does **sure** fly – in fact time seems to be speeding up!
ただ、アメリカ人ネイティヴスピーカーによると、助動詞がdoesの(i)は、(8a-d)のように、助動詞がcanやwillの場合とは多少異なり、sureがdoesの前にある(1c)の方がはるかに一般的だとのことです。ただ、どうしてネイティヴスピーカーたちがこのような判断をするのか、定かではありません。

【第２章】
【付記１】　Swan (2005: 30)、安藤 (2005: 545-546)、*Longman Dictionary of Contemporary English* (2009: 34) 等では、beforeが、過去のある時点を基準にして、「そのときから…前に」という意味を表わすという点は述べられていますが、未来のある時点を基準にして、「そのときから…前に」という意味も表わすという点（以下の本文で詳述）にはまったく触れられていません。その点で、これまでの説明は十分ではないと考えられます。

【付記２】　Beforeには、a week before, the week before の２つの表

現が、本文で述べた解釈の違いを伴って存在しますが、ago には、a week ago があるだけで、*the week ago は存在しません。それは、「現在時の週の前の週」を表わすのに、last week という特別の表現が既存しているからだと思われます。

【付記3】 私たちは (9c)（以下に再録）で、a week before と a week before that のどちらも可能であることを見ましたが、前者の before は副詞、後者の before は前置詞ということになります（(12c) の before も同様）。

(9) c. I just heard from Lisa **a couple of days ago**. But I **heard from Emma a week before**（that）.

【付記4】 本文で述べたように、「先週の今日、先月の今日、去年の今日」などは、a week ago today, a month ago today, a year ago today と言いますが、「来週の今日、来月の今日、来年の今日」などは、a week from today, a month from today, a year from today と言います。

次のような表現は、アメリカ英語では、同様なシステムで表わされますが、イギリス・アイルランド英語では、全く異なったシステムで表現されます。

	アメリカ	英・アイルランド
来週の水曜日	a week from Wednesday	Wednesday (a) week, a week on Wednesday
2週間後の火曜日	a fortnight from Tuesday	Tuesday (a) fortnight, a fortnight on Tuesday

【付記5】 本章で考察した a week ago X のような表現の X は、基本的に次のような表現の a day, a gallon などと同じ用法だと考

えられます。

   (i) a. This motel charges **$200 a day**.

        b. This car gets **40 miles a gallon**.

(ia, b)の「1日につき200ドル」、「1ガロンにつき40マイル」という意味は、それぞれ、「1日を基準として200ドル」、「1ガロンを基準として40マイル」と解釈できます。

【第3章】

【付記1】　英和辞典の中には、narrowlyの訳語に「間一髪で」をあげているものもあります。「間一髪で」は、(i)に示すように、次に続く動詞句が表わす動作が主語の指示対象にとって好ましいものか否かについての話し手の価値判断を含まない中立的な表現です。

   (i) a. 彼は、間一髪で終電に間に合った。

        b. 彼は、間一髪で終電に乗り遅れた。

しかし、この表現は、(iia, b)が不自然であることから分かるように、時間が問題となっていない文では用いられないようなので、narrowlyの汎用性の高い訳語ではありません。

   (ii) a. ??彼は、間一髪で試験に合格した。

        b. ??彼は、間一髪で試験に落第した。

【付記2】　Nearlyに対応する日本語「もう少しで〜する ところ」は、過去時制の「した」ではなく、不定形動詞の「する」を用いているので、英語のHe nearly won.の過去時制のwonのように、実際に起きなかったことを、一見起きたかのごとく表現していませんから、混乱を招くことがありません。

【コラム②】

【付記1】 www.harvard.edu/history による。

【付記2】 1600年の1英ポンドは、現在の300英ポンドの貨幣価値があった、というウェブサイトの情報に基づいた概算です。

【付記3】 Harvard University – Wikipedia による。

【第4章】

【付記1】 (2A)の質問が、君は夜12時に寝るのか、それとも起きるのか、というようなことを問う特殊な文脈では、(2B)の答えが適格文となります。なぜこのような文脈では適格になるかについては、【付記5】を参照してください。

【付記2】 (5A)の質問が、彼が殺されたのか、自殺したのか、というようなことを問うような特殊な文脈では、(5B)の答えが適格文となります。なぜこのような文脈で適格になるかについては、【付記4】を参照してください。

【付記3】 (4B)'の答え、Yes, he was still alive in 2000. は、より詳しく説明すると、まず Yes が、最も新しい（重要度が最も高い）情報を表わしており、he was still alive in 2000 は、それよりは旧い（重要度がより低い）情報です。そのため、(4A)'の質問に対して、Yes とだけ答えることもできます。次に、he was still alive in 2000 を考えると、まず主語の he は、(4A)'の質問から完全に復元できる旧い情報ですが、構文法的に英語では通例、主語が明示されるため、ここでは考察の対象としていません。そして、述部の was still alive と in 2000 の情報の新旧を考えて、そのどちら

が省略され得るかを問題にしています。

【付記4】 (5A)' (=Was he killed in 2000?) の普通の解釈は本文で述べた通りですが、【付記2】で指摘したように、この文がたとえば、2000年に彼は殺されたのか、あるいは自殺したのか、というようなことを問う特殊な文脈では、(5B)' の Yes, he was killed φ. の答えが適格となります。なぜなら、そのような文脈では、「はい、彼は φ（自殺したのではなく）殺されたのです」という文が適格であることから分かるように、he was killed の方が、省略された in 2000 より新しい情報（重要度がより高い情報）となっているからです。

【付記5】 【付記1】で指摘したように、(2A) が、君は夜12時に寝るのか、それとも起きるのかを問うような特殊な文脈では、(2B) の「はい、僕は φ 寝るんです」が適格となります。なぜなら、そのような文脈では、「寝るんです」の方が省略された「夜12時に」より新しい情報（重要度の高い情報）となっているからです。

【第5章】

【付記1】 ただ、if p, then q が常に if not p, then not q を意味するわけではなく、後者が前者から推論されるのみであるということに注意してください。これを Geis and Zwicky (1971) は、「誘われた推論」(invited inference) と呼んでいます。たとえば、次の (ia) は必ずしも (ib) を意味するわけではありません。なぜなら、(ii) はまったく適格な文連続だからです。

(i) a. If he is happy, he smiles. (if p, then q)
    b. If he is not happy, he does not smile. (if not p, then not q)

(ii) If he is happy, he smiles; if he is not happy, he still smiles.

つまり、if not p, then not q は、if p, then q の「暗意」(implication)(= 暗に示唆される意味) であって、含意 (entailment)(= それに含まれる意味) ではないことに注意してください (「含意」と「暗意」の違いについては、久野・高見 (2007) 『謎解きの英文法——否定』(pp. 129-130) を参照してください)。

【付記2】　主節も if 節も動詞が過去形の次の文では、過去時に真である因果関係が示されています。
　(i)　In those days, if you **had** an ID card, you **were** allowed to enter the library.

【付記3】　理由を表わす接続詞 because は、一般に未知の情報 (= 聞き手がまだ知らない情報) を表わすため、(3a-d) の if 節の言い換えとしては用いられません (本文の以下の例文 (16a, b)–(18a, b)、(19b)、(22a-c) を参照)。

【付記4】　因果関係を示す if 節でも、(2a-d) で見たように、一般に will や would は用いられませんが、このタイプの if 節でも、Quirk et al. (1985: 1009) で解説されているように、(i) 主語の意図的な意味 (volitional meaning) を表わす場合 ((ia) 参照) や、(ii) 時間を超越した習慣的な予測 (timeless and habitual prediction) を表わす場合 ((ib) 参照) は、if 節で will や won't が用いられます。
　(i)　a.　If you'**ll help** us, we can finish early. ['are willing to']
　　　b.　If sugar **will dissolve** in a hot liquid, this chemical will do so too. (Quirk et al. 1985: 1009)

【付記5】　(5a-d) の if 節と同様の表現として、たとえば次のよ

うなのがあります（Quirk et al.（1985: 1095-1097）参照）。
   (i) if you don't mind my saying so; if I may say so; if I may be personal; if I may be frank with you; if that's the right word; if you know what I mean; if I'm correct; if I understand you correctly; if you like; if you know; ...

【付記6】 (13a) の because 節が次のように文頭に置かれると、否定辞 not の作用域から外れ、否定の焦点とはなりませんので、「熱があったので、クリニックに行かなかった」という意味しかありません（久野・高見（2007）『謎解きの英文法―否定』（コラム3）を参照）。
   (i) Because I had a fever, I didn't go to the clinic.

【付記7】 タイプ（A, B）if 節とタイプ（C）if 節のさらなる違いとして、生成文法理論で「寄生的空所」(parasitic gap) と呼ばれる現象をあげることができます。この点を以下で説明しますが、この付記は、生成文法の知識がある読者には興味深いかと思われますが、そこまで詳しく知る必要のない読者の方は、以下は読み飛ばしてくださって結構です。
   まず、次の文を見てみましょう。
   (i) a. What did you file **t** [before you read **e**]?
       b. *John is a man who [**t** looks old [whenever I meet **e**]].
(ia) の file の直後の t は、「痕跡」(trace) と呼ばれ、what が文頭に移動する前の位置を示していますが、この文では、before 節の目的語も「空」(empty) であっても構いません。このような「空所」は、痕跡の t に依存しているため、「寄生的空所」と呼ばれています。一方 (ib) では、痕跡の t が主語位置にあり、この場合は、寄生的空所の e は許されません。つまり、次の樹形図に示

されるように、e は、t の最初の枝分かれ節点の下位要素でない場合に容認されるということになります。

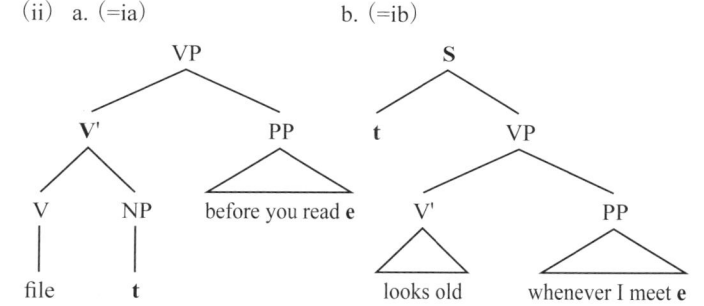

(ii) a. (=ia)　　　　　　　　b. (=ib)

```
         VP                              S
        /  \                           /   \
       V'   PP                        t    VP
      / \   /\                            /  \
     V  NP before you read e            V'    PP
     |   |                             /\     /\
    file t                         looks old whenever I meet e
```

(iia) では、痕跡 t の最初の枝分かれ節点は V' であり、e はその下位要素ではありませんから、(ia) は適格となります。一方 (iib) では、t の最初の枝分かれ節点が S であり、e はその S の下位要素ですから、(ib) は不適格となります。つまり、(iia, b) では、痕跡の t が目的語位置にあるか、主語位置にあるかが決定的な違いとなっています。

上記の点を踏まえて、次の if 節を含む文を見てみましょう。

(iii) a. *John is a man who **t** will be found arrogant **if you get to know e better**. (A)

b. *David is a person who **t** should be invited if **you know e so well**. (B)

(iv) a. There's a new tennis club which **t** opened last week, **if you'd like to join e**. (C)

b. We can go to New York in my new car which **t** arrived yesterday, **if you'd like to drive e**. (C)

c. There's a document which **t** was typed up yesterday, **if you'd like to sign e**. (C)

d. There's a new flavor of ice cream which **t** was delivered yesterday, **if you'd like to taste e**.（C）

タイプ（A, B）if 節を含む（iiia, b）は不適格ですが、タイプ（C）if 節を含む（iva-d）は適格です。(iiia, b) が不適格なのは、これらの文では、if 節が主節の VP、および S 内の要素なので（(33) の樹形図を参照）、寄生的空所の e は、痕跡 t の最初の枝分かれ節点 S の下位要素であるからです。一方（iva-d）が適格なのは、これらの文では、if 節は主節の S よりも上位に位置しているため、e はその主節の S の下位要素ではないためです。

【付記8】 Haegeman（1984b）, Haegeman and Wekker（1984）は、if 節を統語構造の観点から2つに分類していますが、この分析の問題点に関しては Takami（1988）をご覧ください。

【コラム③】

【付記】 安藤（2005: 534）は、Frankly, I'm tired.（=1b）を、(ib) のように言い換えて、(1b) の「Frankly は、表層に現われない発話動詞（i.e. *tell, say*）を修飾するものと考えられる」と述べています。

(i) a. **Frankly**, I'm tired.（=1b）
　　b. = *I tell you* frankly that I'm tired.

この考え方は、肯定文が、表層には現われない、話者の発話行為を表わす *I tell you* で始まる文である、という Ross（1970）の文法理論に基づいていると考えられます。安藤はここで、frankly が発話行為動詞 tell を修飾してその様式（manner）を指定するものと考えています。それが、「発話様式副詞」という名称の由縁です。

ただここで、安藤が Frankly, I'm tired. = I tell you frankly that I'm tired. であるとして、frankly が、tell you という発話表現を修飾し

ていると主張しているのは、矛盾を含んだ想定であるように思われます。なぜなら、発話表現 I tell you that は、肯定文の文頭に仮説的に想定されるものですから、Ross の分析に従えば、(1b) の基底構造は、(ib) ではなくて、(ii) であるはずです。

(ii) **I tell you that** frankly, I'm tired.

(ii) では、frankly は埋め込み文に現われている副詞ですから、明らかに主文の tell you を修飾できません。Frankly が意味的に話者の発話表現 (I) tell you を修飾している、という主張は、十分頷ける主張ですが、その主張を構文法的に正当化するためには、特別な構文法的操作を想定しなければならないように思われます。

　私たちは上記の理由で、文副詞としての frankly についての安藤の構文法的な発話表現修飾分析をそのままの形では疑問視していますが、「発話様式副詞」は、この種の副詞の性格をよく表わしている良い名称なので、拝借して使わせてもらうことにします。

【第6章】

【付記1】　あるひとつの解釈が複数個の構造から出てくるという本文での説明は、言語学で一般に容認されているものですが、複数個の異なる構造は、それぞれに微妙な発音の違いを伴います。たとえば、too が Mary に付加されている (10) では、Mary too がひとつの構成要素として一息に発音されますが、too が e-mailed Mary に付加している (11a) や John e-mailed Mary に付加している (11b) では、Mary too がひとつの構成要素としては発音されません。ただ、このような発音上の相違と文の構造との関係についての詳細は、専門家の今後の分析を待たなければなりません。

【付記2】 Too は、(9a) に指定されているように、名詞句（NP）や動詞句（VP）のような句レベル（XP）の範疇には付加されますが、語彙レベル（X）の範疇には付加できないと考えられます。その証拠に、たとえば次の文は、too が前置詞（P）の for に付加され、for を構文法的修飾ターゲットとすることを意図していますが、まったく不適格な文です。

(i)　　*We have a government of the people, by the people, and for, **too**, the people.

　　　（cf. ..., and [$_{PP}$ for the people], **too**.）

(i) は、too が前置詞句の [for the people] 全体に付加されて、..., and for the people, too. とならなければなりません。

ここで、(i) が不適格なのは、副詞が一般に、前置詞と名詞句の間には位置しないからだと思われるかもしれません。しかし、たとえば次の文では、副詞の for example が前置詞の to とその後の名詞句の間に位置しており、これらは適格です。したがって、(i) の不適格性をこの点に求めることはできません。

(ii)　a.　I talked **to, for example**, Mr. Smith.
　　　b.　Thus, when an industry's scope of operations expands due **to, for example**, the creation of a better transportation network,...（実例）

Too が句レベル（XP）の範疇にしか付加できないという制約は、次の文が不適格であることからも裏づけられます。

(iii)　　*His, **too**, brother has contracted Ebola.
　　　「*彼もの弟が、エボラ病にかかっています。」
　　　（cf.「[彼の弟] もエボラ病にかかっています。」）

(iii) の所有格表現 his は「決定詞」（Det (erminer)）で、語彙レベルの節点であって、句レベルの節点ではありません。この「決定詞」と brother が一緒になって、句レベルの節点 NP を形成し

ます。したがって、too は、次のように、この句レベルの節点 NP に付加されなければなりません。

(ⅳ)　　[His brother], **too**, has contracted Ebola.
　　　　「[彼の弟] もエボラ病にかかっています。」

(ⅲ), (ⅳ) の日本語訳からも分かるように、同様の制約が日本語にも当てはまります。

【付記3】　(14a) と (14b) の辞書記載項目は、独立して存在するのではなく、両者が相まって適用されなければなりません。たとえば (14a) の [＋名詞句付加] だけだと、too は、先行する名詞句にも後続する名詞句にも付加すると思われるかもしれませんが、(14b) に [−後続付加] という辞書記載項目がありますから、too は、後続する名詞句には付加されず、先行する名詞句にのみ付加されることになります。したがって、名詞句についての正確な辞書記載事項は、[＋先行名詞句付加][−後続名詞句付加] ということになりますが、他の範疇についてもすべてこのような指定をここで示すのは記述を不必要に煩雑にしますので、(14a, b) の略式表記としました。

【付記4】　本文では、too が付加できる要素が名詞句、動詞句、文の場合のみを観察しましたが、次の (ⅰ) では、too は形容詞句に付加されて、それが too の意味的修飾ターゲットとなっています。

(ⅰ)　　John is quick, intelligent, and [$_{AP}$ full of originality], **too**.

また、次の文では、too は前置詞句や副詞句に付加されて、それが too の意味的修飾ターゲットとなっています。

(ⅱ)　a.　Acting decisively, but with moderation, **too**, can sometimes
　　　　　be very difficult.

b. To criticize frankly, but politely, **too**, is something that you have yet to learn.

そのため、(14a)では、[＋形容詞句付加]や［＋前置詞句付加］、[＋副詞句付加]も too の辞書記載項目としてここに登録されています。

【付記5】 どうして、与えられた副詞に文副詞、動詞句副詞などの品詞付けをして、別々のエントリーとして辞書に登録しないかは、also の節の考察で明らかにします。

【付記6】 Too は次節で考察する also と異なり、一般に文頭には位置しません。ただ、あまり用いられることはありませんが、too が、in addition や also と同様に、「また、そのうえ、しかも」という意味で接続詞的機能を担い、接続副詞（あるいは接続詞）として、書き言葉で次のように使われることがアメリカ英語で稀にはあります。

　(i)　He wrestled with feelings of guilt over not calling her. After all, she had been by his bedside for days during his illness, wiping his brow and bringing him cold water. She had kept his family apprised of his state. **Too,** she had handled his business mail while he was indisposed. Yet he could not bring himself to call or stop by when he was in town that June.

「彼は彼女に電話しなかったことで罪悪感に悩んでいた。なんといっても、彼女は彼が病気の間ずっと、何日もベッドのそばにいてくれ、彼の額を拭き、冷やした水を持ってきてくれた。彼女は、彼の家族に彼の病状をずっと知らせてくれた。そのうえ、彼女は彼が身体の具合が悪い間、彼のビジネスメールを処理してくれた。でも彼は、６月に町に来ているとき、彼女に電

話をする気にも立ち寄る気にもならなかった。」
この用法の too は、本章で問題にしている「〜もまた」という意味の too とは、意味も機能も異なるため、辞書では別のエントリーとして登録されるものと考えられます。

【付記7】 Also の場合も、too と同様で、句や文レベルの範疇にのみ付加し、語彙レベル（X）の範疇には付加しません。この点については、【付記2】を参照してください。

【付記8】 これら3つの構造では、発音に関して若干の違いがあります。Also が目的語の Mary に付加される構造から派生した (18) では、Mary also がひとつの構成要素として一息で発音されますが、also が e-mailed Mary や John e-mailed Mary に付加される構造から派生した (18) では、Mary also がひとつの構成要素としては発音されません。

【付記9】 (22) の修飾ターゲットに関する事実は、このままの語順だと、(16a) の付加条件では説明できません。なぜなら、この文の also は、主語と動詞句の間に現われていますから、also が付加できるのは、左の NP か右の VP だけで、also が付加できる S 節点がないからです。

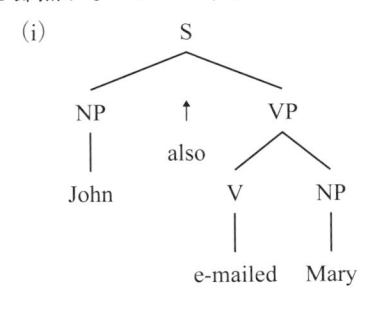

(i)
```
              S
         /    |    \
        NP    ↑    VP
        |   also  /  \
       John      V   NP
                 |    |
             e-mailed Mary
```

しかし、(22) の also は、本文で指摘したように、挿入句と同じ機能を持っているため、もともと {**Also / In my opinion**}, John e-mailed Mary. のように文頭にあった also が、in my opinion などと同様に、文中（正確には、主語と動詞句の間）に移動したと考えて、修飾ターゲットは、そのような移動が起こる前の文で決まると考えれば、(16a) の付加条件でも説明することができます。この種の移動は、文頭に現われる「文副詞」用法の副詞に限られます。

【付記10】　Also のこの特殊機能は、本書のコラム③で考察した frankly、truthfully などの「発話様式副詞」が、主語と述語の間に現われる事象と同じものです（コラム③の (5a, b) を参照）。

【付記11】　(23a-c) の修飾ターゲットに関する事実も、このままの語順だと、(16a) の付加条件では説明できませんが、付記9のケースと同様、もともと also が文頭にあって、その段階で also の修飾ターゲットが決まり、その後で also が助動詞や be 動詞の後ろに移動したと考えれば、(16a) の付加条件で説明することができます。

【付記12】　Also や too, それにたとえば slowly, always, carefully のように、文のどこに現われるかによって、その意味解釈があまり変わらない副詞は、辞書でそれらの意味定義がひとつだけで、単一のエントリーとして記載されているものと想定されます。それに対して、たとえば happily なら、(i)「幸運にも」(e.g. Happily, he escaped injury.（幸運にも、彼は怪我を免れた))、(ii)「楽しく」(e.g. The children are playing happily.（子供達は楽しく遊んでいる))のように、また sadly なら、(i)「悲しいことに」(e.g. Sadly, he failed the exam again.（悲しいことに、彼はまた試験に落ちた))、

(ii)「悲しげに」(e.g. She sat sadly in her room.（彼女は部屋で悲しげに座っていた））のように、2つの異なる意味解釈を持つ副詞は、それぞれの解釈によって、2つの異なる辞書登録が必要であると考えられます。そして、それぞれのエントリーのところで、その副詞の統語的、意味的特性が記載されることになります。

【付記13】『ジーニアス英和辞典』（第5版、2014: 68）の also の項目には、(26b) と同様の次の文があがっています。
  (i)　Tom phoned **also** Susie today.
しかし、私たちのネイティヴスピーカー・コンサルタントたちは、この文がまったく不自然で、不適格文だと判断しました。

【付記14】　興味深いことに、even は、次のように動詞と短い目的語の間に位置することが可能です。
  (i)　a.　John e-mailed **even** Mary.
　　　b.　He blamed **even** me.
なぜ even が、too や also と異なり、この位置に置けるかは次章で説明します。

【付記15】　たとえば (23b) (= Mary got married last month. Her sister will **also** marry next month.) の第2文の樹形図を見てみましょう。

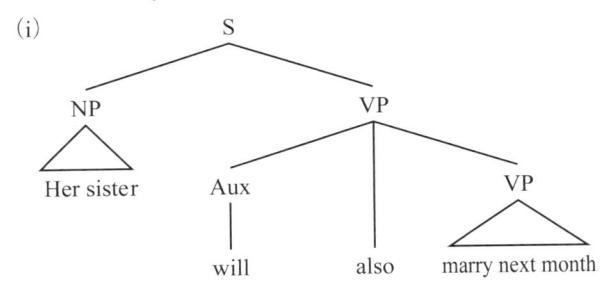

  (i)

```
                    S
                 /     \
               NP       VP
               /\      /  \
         Her sister  Aux    VP
                     |     /  \
                    will also  marry next month
```

Also の意図された意味的修飾ターゲットは S ですが、(i) の樹形図で、also は、will と marry next month の間に挟まれて、VP 節点の下に位置しているので、それを付加機能が作り出すような S の姉妹節点にする方法はありません。Also の問題の用法が、(33a, b) の付加条件と意味的修飾ターゲットの制約では説明ができないのは、この理由によります。

【第 7 章】

【付記 1】　私たちは前章で、次の文を提示して、also は、助動詞や be 動詞の後ろに位置して、主語をその修飾ターゲットにすることができることを示しました。そして、これは also の特殊機能であり、辞書に登録されるべきものであると考えました（前章の (23a-c) と (25) を参照）。

(i) 　a.　I know John has smoked a cigarette, and that Bill has **also** smoked a cigarette.

b.　Mary got married last month. Her sister will **also** marry next month.

c.　Robert is a doctor, and his wife is **also** a doctor.

ここで、本文の (11b) (=√John will **even** e-mail her.) や (12b) (=√John should **even** have sent an apology letter to her.) の適格性を見ると、(ia-c) の also も、even と同様に数量詞で、(ia-c) では数量詞遊離が起きているのではないかと一見思われます。しかし、John e-mailed **even** Mary. (=2a) が適格なのに対して、*John e-mailed **also** Mary. (=1b) は不適格ですから、also には数量詞としての機能はありません。したがって、(ia-c) の also の振る舞いは数量詞遊離ではなく、前章で述べたように、also の特殊機能として記述せざるを得ないものと考えられます。

【付記2】 (32b) の only が動詞句 (works manually の上位節点) に付加されている構造も可能ではないか、という疑問が当然起きることと思いますが、only は先行する動詞句には付加することができません。この点については、以下の本文の「文頭と文末の only」の節で説明します。

【コラム④】
【付記】 *Longman Dictionary of Contemporary English* と *Oxford Advanced Learner's Dictionary* は (2), (3) で示したように、カナダ英語でも、toilet が「便所」の語義で使われることはないと主張していますが、このコラムでの考察は、アメリカ英語とイギリス英語に限ることにします。

【第8章】
【付記】 この (i) と (ii) の間の、顕著な強調ストレスの有無の相違は、第4章の (14) で記述した「旧から新への情報の流れ」制約に起因します。

 (14) **旧から新への情報の流れ**：強調ストレスや形態的にマークされた焦点要素を含まない文中の語順は、通例、より旧い情報を表わす要素から、より新しい情報を表わす要素へと進むのを原則とする。

本章の例文 (28) の文末の by ship は、この制約により、自動的に、to Hawaii よりも新しい情報を表わすことになります。他方、(i) の場合には、to Hawaii に「旧から新への情報の流れ」制約が適用しないように、to Hawaii に顕著な強調を加えて、それが by ship よりも新しい情報を表わすことを明示しなければなりません。

【第9章】

【付記1】 (10a-c)のような数量詞遊離文に関して、「生成文法」と呼ばれる文法理論では、(i) 数量詞の all, each, both が、(1a, b)、(4a, b)、(6a, b) のような文から右方向に移動して派生したと考える立場、(ii) [all the students] のような名詞句が、もともと動詞句内にあり、そこから the students のみが主語位置に(つまり左方向に)移動して派生したと考える立場、(iii) 別の文から派生するのではなく、独立して「基底生成」(base-generate) されると考える立場、の3つがあります。本章では、これまでの慣例に従って「遊離」という表現を用いますが、(i) または (ii) の立場をとっているわけではなく、数量詞遊離文が派生によって生じるのか、あるいは基底生成されるのかという点については議論しません。

【付記2】 安藤 (2005) の『現代英文法講義』(p. 493) では、「英語では、数量詞遊離が主語にしか生じない」と記されていますが、この記述は、(15)-(17) の (b) 文の適格性から、妥当でないということになります。これらの例文の適格性の説明は、以下の本文の「遊離した数量詞は『二次的主語』として機能」の節をご覧ください。

【付記3】 日本語では、all, each, both に対応する「全員／すべて、それぞれ、両方／2人とも」だけでなく、many, some, several など他の数量詞に対応する表現も、次に示すように遊離します。

(i) a. 学生が昨日全員／すべてパーティーにやってきた。
　　b. ゲストが結婚式でそれぞれスピーチをします。
　　c. 私の両親はすでに2人ともその映画を見ている。
(ii) a. 学生が明日たくさん／何人か／数人デモに参加します。

b.　風呂の水がほとんど／少し／大部分なくなっている。
　　　　c.　子供が昨日３人この公園で遊んでいた。
英語と日本語の上記の相違が何に起因するかについては、【付記11】を参照してください。

【付記４】　(11f) (=***The examinees** were **three** able to pass the test.)で、three のような数詞が遊離しないことを見ましたが、これにall がつけば、次のように適格となります。
　　(i)　　**The examinees** were **all three** able to pass the test.
これは、all three という表現から分かるように、the examinees の数が全部で３人であり、話し手が the examinees と言った段階での受験者数と、all three と言った段階での受験者数が一致しており、(21) の制約が満たされるためです。

【付記５】　「代名詞」というと、you, he, they のような人称代名詞や、this, that のような指示代名詞が想起されるので、遊離したall, each, both が次のような文で、代名詞として機能していると言うと、不思議に思われるかもしれません。
　　(i)　　The students **all / each / both** went to the Tully's coffee shop.
　　　　　(=18a)
しかしここでは、「代名詞」という用語を、「名詞（句）の代わりをする語」という、伝統文法の定義のもとに用いています。つまり、(i) の all, each, both は、the students を指し、その代わりをし得る同格名詞として用いられているため、「代名詞」と呼んでいます。

【付記６】　(24) は、every のあとに one を入れて次のようにすれば、もちろん適格です。

(i) [**Every one** of the students] will come to the party tonight.

そして、この every one は、文学的で古めかしく、宗教的な文体で主に用いられる表現ですが、次のように遊離が可能です（どちらも実例）。

(ii) a. **They** have **every one** gone on to glory land and left me here by myself.

「彼らは私を独りぼっちでこの地上に残して、みんな天国に行ってしまった。」

b. No one is seeking after God – Not even one. Rather **they** have **every one** gone his own way.

「誰も神のあとを追わない、誰一人として。彼らはみんな独自の道を行っている。」

ここで、they の指し示す集合と every one の指し示す集合が一致していることは言うまでもありません。

【付記7】 この点では、every は普遍数量詞としての資格があるのですが、すでに述べたように、every は、名詞句としての機能を持っていないので、遊離できないわけです。

【付記8】 次の文（久野・高見（2004）『謎解きの英文法—冠詞と名詞』p.51 参照）は、any と every の意味の違いを端的に表わすものです。

(i) （日本料理店で、豪華ディナー定食のメニューを見たアメリカ人の発話）

I can eat **anything** (on the menu), but I can't eat **everything**.

「（メニューの内容のどのひとつを取り上げても）食べられないものはありませんが、（量が多すぎて）全部を食べることはできません。」

【付記9】 過去形の文でも、過去の習慣などを表わすような文では、次のように、不定名詞句でも総称名詞解釈を受け得ることは言うまでもありません。よって、このような文も（30a-d）と同様に適格となります。
(i)　In those days, **children** were **all** sent to Sunday school for religious education.

【付記10】 目的語や前置詞の目的語が代名詞の場合は、次に示すように、all などのあとに後続要素がなくても適格です。
(i)　a.　The teacher praised **them all / both**.
　　 b.　The teacher talked with **them all / both**（about the problem）.

しかし、このような代名詞の場合は、数量詞遊離ではなく、数量詞と代名詞の語順が入れ替わったものであると考えられています（Maling（1976）, McCawley（1988: 93-94））。このように語順が入れ替わる理由は、代名詞はストレス（強勢）が置かれず、旧情報（＝聞き手がその指示対象をすでに了解していたり、予測できる情報）であるため、代名詞が文末に置かれると、情報が旧情報から新情報（＝聞き手がその指示対象をまだ了解していなかったり、予測できない情報）へ流れるという「情報の流れの原則」（第4章および久野（1978）, Quirk et al.（1985）等参照）に反するため、ストレスが置かれる新情報の数量詞を後ろに回して、この原則に合わせるためであると考えられています。

【付記11】 日本語では、【付記3】に述べたように、普遍数量詞ばかりでなく、存在数量詞も、二つ目の意味的主語の位置に現われます。
(i)　　学生が明日たくさん／何人か／数人デモに参加します。

これは、日本語には、(ii) に示すような、大主語、小主語構文があるからです。

(ii) a. 田中家は／が、長男が文化勲章を受章したそうだ。
 b. この国は／が、女性が一家の長である。

【参考文献】

☆ 安藤貞雄 (2005)『現代英文法講義』開拓社。
☆ Bolinger, Dwight (1979) "Pronouns in Discourse," In Talmy Givón (ed.) *Syntax and Semantics* 12: *Discourse and Syntax*, 289-309. New York: Academic Press.
☆ Close, R. A. (1975) *A Reference Grammar for Students of English*. London: Longman.
☆ Geis, Michael and Arnold Zwicky (1971) "On Invited Inferences," *Linguistic Inquiry* 2, 561-566.
☆ Haegeman, Liliane (1984a) "Pragmatic Conditionals in English," *Folia Linguistica* 18, 485-502.
☆ Haegeman, Liliane (1984b) "Remarks on Adverbial Clauses and Definite NP Anaphora," *Linguistic Inquiry* 15, 712-715.
☆ Jackendoff, Ray (1972) *Semantic Interpretation in Generative Grammar*. Cambridge, Mass.: MIT Press.
☆ 久野暲 (1978)『談話の文法』大修館書店。
☆ 久野暲・高見健一 (2004)『謎解きの英文法―冠詞と名詞』くろしお出版。
☆ 久野暲・高見健一 (2007)『謎解きの英文法―否定』くろしお出版。
☆ 久野暲・高見健一 (2013)『謎解きの英文法―省略と倒置』くろしお出版。

- ☆ 久野暲・高見健一 (2013)『謎解きの英文法―時の表現』くろしお出版。
- ☆ Maling, Joan (1976) "Notes on Quantifier-postposing," *Linguistic Inquiry* 7, 709-718.
- ☆ McCawley, James (1988) *The Syntactic Phenomena of English*. Chicago: University of Chicago Press.
- ☆ Quirk, Randolph, Sidney Greenbaum, Geoffrey Leech and Jan Svartvik (1972) *A Grammar of Contemporary English*. London: Longman.
- ☆ Quirk, Randolph, Sidney Greenbaum, Geoffrey Leech and Jan Svartvik (1985) *A Comprehensive Grammar of the English Language*. London: Longman.
- ☆ Ross, John Robert (1970) "On Declarative Sentences," In Roderick A. Jacobs and Peter S. Rosenbaum (eds.) *Readings in English Transformational Grammar*, 222-272. Waltham, Mass.: Ginn and Co.
- ☆ Swan, Michael (2005) *Practical English Usage*. Oxford: Oxford University Press.
- ☆ Takami, Ken-ichi (1988) "The Syntax of *If*-Clauses: Three Types of *If*-Clauses and X-bar Theory," *Lingua* 74, 263-281.

[著者紹介]

久野　暲（くの・すすむ）
1964年にハーバード大学言語学科Ph.D.を取得し、同学科で40年間教鞭をとる。現在、ハーバード大学名誉教授。主な著作に『日本文法研究』（大修館書店、1973）、『談話の文法』（大修館書店、1978）、『新日本文法研究』（大修館書店、1983）、Functional Syntax (University of Chicago Press, 1987) などがある。

高見　健一（たかみ・けんいち）
1990年に東京都立大学文学博士号を取得し、静岡大学、東京都立大学を経て、現在、学習院大学文学部教授。主な著作に Preposition Stranding (Mouton de Gruyter, 1992)、『機能的構文論による日英語比較』（くろしお出版、1995）、『日英語の機能的構文分析』（鳳書房、2001）などがある。

なお、二人の共著による主な著作に Grammar and Discourse Principles (University of Chicago Press, 1993)、『日英語の自動詞構文』（研究社、2002）、Quantifier Scope（くろしお出版、2002）、Functional Constraints in Grammar (John Benjamins, 2004)、『日本語機能的構文研究』（大修館書店、2006）、『英語の構文とその意味』（開拓社、2007）、『日本語構文の意味と機能を探る』（くろしお出版、2014）などがある。

謎解きの英文法　副詞と数量詞

発行	2015 年 10 月 20 日　第 1 刷発行
	2022 年 2 月 10 日　第 2 刷発行
著者	久野　暲・高見　健一
装丁	折原カズヒロ
イラスト	株式会社ぽるか　村山宇希
印刷所	藤原印刷株式会社
編集	岡野秀夫・荻原典子
発行所	株式会社　くろしお出版
	〒102-0084 東京都千代田区二番町 4-3
	TEL 03-6261-2867　FAX 03-6261-2879
	https://www.9640.jp/　e-mail:kurosio@9640.jp

Ⓒ Susumu Kuno, Ken-ichi Takami 2015 Printed in Japan

ISBN978-4-87424-667-2 C1082

●乱丁・落丁はおとりかえいたします。本書の無断転用・複製を禁じます。